어디에 살든
균등한 기회를 누리는

지
방
시
대

어디에 살든
균등한 기회를 누리는

지방시대

강영환

책을 추천하며

우리가 발을 딛고 사는 이 '땅'에는 정의 공정 상식이 없다. 각자가진 역량이나 성실성과 관계없이, 어디서 태어나 어디서 자라고 어디서 사느냐가 우리 삶의 상당부분을 결정한다. 좋은 교육을 받을기회, 좋은 일자리를 얻을 기회, 자산을 늘릴 기회, 심지어는 혼인의기회와 좋은 커피를 마실 수 있는 기회까지 달라진다. 이를 두고 어찌 정의 공정 상식을 이야기할 수 있겠나.

죽어나가는 것은 정의 공정 상식만이 아니다. 수도권은 높은 집값과 교통난 등, 과밀로 인해 경쟁력을 잃어가고 있고, 지방은 미개발 저개발로 경쟁력 자체가 있었던 적이 없다. 국토 전체의 경쟁력이 떨어지고 있다.

이러한 상황을 그대로 두고 '국민통합'과 국가경쟁력을 이야기할수 있겠나? 정의 공정 상식이 없으면 자유민주주의와 자유시장경제도 흔들릴 수밖에 없는 법, 이런 상황을 그대로 두고 자유로운 세상을 꿈꿀 수 있겠나? 나아지는 기미가 조금이라도 있으면 다행이련만, 상황은 오히려 그 반대이다. 인구 지역총생산(GRDP) 일자리 등모든 지표에 있어 수도권과 비수도권의 격차는 점점 더 벌어지고 있다. 이를 어찌할 것인가?

이 책의 저자 강영환박사는 오랫동안 이 문제에 천착해 왔다. '지방'에 살면서 '지방'에 대한 칼럼을 써 왔고, 늦깎이 공부로 이 분야의 박사학위를 받았다. 또 최근에는 제20대 대통령직 인수위원회 지역균형발전특별위원회 기획운영실장으로 있으면서 이 문제에 관한 윤석열정부의 철학과 기조, 그리고 정책을 다듬었다.

이 책에는 지역사회 발전과 지역 간 불균형에 대한 안타까운 마음이 녹아있다. 정의와 공정이 위협받고, 상식이 사라지는 상황에 대한 분노와 절망도 녹아있다. 애정이 큰 만큼 안타까움은 크고 분노와 절망은 높고 깊다. 그러나 이 모든 것은 곧 새로운 대안과 희망의 기반이 된다. 지방화와 균형발전의 새로운 철학이 희망의 메시지와 함께 소개되고, 지역발전특구를 비롯한 새 정부의 새로운 정책이 손에 잡힐 듯 펼쳐진다.

지역사회 발전과 지역 간 불균형 문제에 있어 운동장은 이미 기울어져 있다. 비례대표 의원의 수를 합치면 국회의원 수에 있어 수도권 출신이 비수도권 출신보다 많다. 정책을 주도하는 고위 관료 또한 이제는 서울이나 수도권에서 태어나 서울이나 수도권에서 자라고 교육받은 수가 더 많다. 그 뿐인가. 기업과 주요 언론 등, 서울이나 수도권에 이해관계를 가진 세력이나 집단의 힘이 점점 더 강해지고 있다. 웬만한 노력으로는 지금의 잘못된 상황을 바로잡을 수 없다는 말이다.

그래서 더욱이 이 책을 권한다. 이 책을 통해 정의 공정 상식을 향한 우리 모두의 힘과 노력이 배가되었으면 한다.

김병준 | 전 제20대 대통령직 인수위원회 균형발전특별위원회 위원장

내 삶으로 만들어 가는 지방시대

원숭이가 있다. 원숭이는 영장류에, 오랑우탄, 침팬지, 보노보, 고릴라와 함께 인간의 뿌리와 가깝다고 배웠다. 인류의 조상인 오스트랄로 피테쿠스는 남쪽의 인간 원숭이라는 뜻이다. 남쪽의 인간 원숭이는 이어 호모에렉투스, 호모사피엔스, 호모사피엔스사피엔스 이런 과정을 거쳐 진화해왔다. 그 진화과정을 학교 다니며 우리는 외웠다.

그런데 우리는 어렸을 적, 이런 노래를 부르기도 했다. "원숭이 X구멍은 빨개, 빨가면 사과, 사과는 맛있어, 맛있으면 바나나, 바나나는 길어, 길으면 기차, 기차는 빨라, 빠르면 비행기, 비행기는 높아, 높으면 백두산" 원숭이는 백두산이기도 했다. 누가 특별히 가르쳐 주지도 않은 것 같은데 우리는 이를 흥얼거렸다.

머리가 커지는 동안 한참을 잊고 지냈다. 내가 이 노래를 다시 기억해 낸 것은 광고회사 다닐 적이다. 이 노래의 기억을 다시 캐낸 건 누가 가르쳐주거나 강요에 의한 것은 아니다. 김대중대통령 이미

지작업을 하던 중 남북평화이야기가 나오며 금강산과 함께 백두산 이야기도 자연스레 나왔다. 그리고 나는 자연스레 흥얼거렸다. 원숭이 X구멍에서 백두산까지. 그리고 집에 와선 메모를 해두었나 보다. 몇 해 후 자료를 정리하다 메모를 발견하곤 웃었다.

나는 광고회사를 다니며 이것이 창의라 믿었다. 전혀 새로운 것의 발견과 이의 물리적 결합이 아니라, 내 주변 가까운 것들의 조금은 다른 결합, 조금은 화학적 융합이 크리에이티브(creative)라 나는 믿었다. 그래서 원숭이, 남쪽의 인간 원숭이, 오스트랄로피테쿠스가 호모사피엔스사피엔스로 가는 이야기보다는 그 원숭이가 백두산으로 가는 이야기를 더욱 좋아하게 되었다. 그리고 이를 가끔 있는 강의해서 처음에 말하곤 한다.

이 건, 생각만이 아니라 나의 삶에도 조금은 영향을 끼친 것 같다. 나는 외교학과를 졸업했다. 그리고는 광고회사를 취직했다. 99개월을 마치며 사회생활 세 자리 수부턴 새로운 일을 해보겠다는 얄궂은 생각을 갖고 찾은 길은 바이오회사였다. 그리곤 여의도에 사업체를 차렸다. 청와대를 들어갔다. 교수생활을 잠깐하다 국무총리실로 들어갔다. 정치에 참여했다. 그리고 대학교 생활, 다시 기업체의 감사, 그리고 캠프생활에 이어 올해 대통령직인수위 지역균형발전특위 생활로 이어졌다.

그러고 보니 참으로 요란하게 살았다. 과정에서 학창시절 국제정치에 대한 관심은 중년시절 지역정치에의 관심으로 바뀌어졌다. 그러나 아무리 요란했어도 그래도 관통하는 것이 있다. 삶의 중심엔 커뮤니케이션이 있었다. 어떤 일을 해도 내가 조금은 익숙했던 커뮤니케이션을 벗어나지 않으려 했었다. 그리고 그 생활 속에 원숭이는 백두산이라는 노래를 늘 흥얼거렸다.

책을 펴내다 '이 친구, 광고니 홍보가 주특기일 텐데 지역균형발전 책이라...' '새 정부 들어 지방시대 이야기하니 빠르게 컨셉 잘 잡았네.' 이런 이야기를 들을 수도 있겠다. 그런데 책을 쓰기까지 고민을 오래했었다. 짧게 보면 약 7년쯤 관심을 갖고 지켜본 듯하다. 경험과 고민이 큰 힘이 된 듯하다.

'15년에 대전 고향집으로 돌아왔다. 내가 태어난 호수돈여고 날망 집을 손보며 대전을 본격적으로 고민해보고 싶었다. 고향에 아예 몸까지 들어와 대전의 크리에이티브를 찾고 싶었다. 그 출발은 역시 대전에 대한 조금은 다른 생각이었다. 늘 이야기하는 보문산 개발보다는 대한민국에 서울 가는 버스가 없는 거의 유일한 터미널, "서부터미널엔 왜 서울 가는 버스가 없을까?" 문제를 제기했다. 정부3청사가 눈에 들어왔다. 그냥 존재하는 정부청사가 아니라 대전경제와 일자리에 연결되는 정부청사를 생각했다. 그래서 팀을 이뤄 관학협력체로 대전대학교 산학협력단에 전자조달지원센터를 유치했다.

글을 꾸준히 썼다. 글로 대전에 제안을 해왔다. 방폐물 지역자원시설세를 주장했다. 트램문제를 제기했다. 대전방문의 해, 짜르를 이야기했다. 디지털밸류센터를 이야기했다. 일자리창출을 위해 평촌에 LNG발전소 유치를 이야기했다. 코로나시절 외로움담당정책관을 이야기했다. 대전에 있으나 우리가 놓치는 것, 여기에 새로운 관점을 붙여보고 싶었다.

'18년부터 늦깎이 행정학박사를 시작했다. 애당초 지역의 주제를 갖고 논문을 쓸 작정이었다. 이현국 지도교수의 도움으로 주제를 잡아나갔다. 대전의 인구가 줄고 있다. 150만을 넘었다가 깨져버렸다. 게다가 청년인구유출은 심각했다. 청년인구가 유출되면 도시의 활력이 떨어지고 지역소멸로 이어진다. 일자리문제도 있지만 도시의 정주여건(어메니티)의 문제도 클 것이라 생각했다. 2년을 논문에 몰입했다. 그리고 대전을 사례로 〈청년인구 변화에 미치는 도시어메니티의 영향 연구〉라는 논문으로 박사학위를 받았다.

새로운 정부가 탄생했다. 대통령직 인수위에서 일할 수 있는 기회가 부여되었다. 지역균형발전특위에서 김병준위원장을 모시고 기획운영실장 일을 했다. 60명 가까운 사람들과 함께 한 행복한 시간이었다. 위원장님을 비롯해 함께 했던 사람도 좋았지만, 일이 너무 좋았다. 내가 진심으로 하고 싶었던 일이었고, 몇 년간 고민해왔던 주제이었기에 더욱이 그랬다.

"번영과 풍요, 경제적 성장은 바로 자유의 확대", 취임식에서 자유의 가치를 내내 강조하는 윤석열 대통령을 보면서 나는 청년시절로 돌아간다. 1980년 민주화의 봄을 맞아 사면·복권된 김대중 당시 국민연합공동의장의 YWCA연설이 떠오른다. "자유가 들꽃처럼 만발하고 정의가 강물처럼 흐르는 나라", 나는 이 연설을 접하며 전율을 느낀다. 그리고 '자유는 왜 들꽃일까? 정의는 왜 강물일까?'의 고민에 부딪힌다. 그 고민은 줄곧 나의 국가와 정치를 보는 출발점이 되었다.

자유는 스스로 환경에 적응하고 이겨내는, 그래서 경쟁이 중요시되는 가치이다. 누군가의 보호에 의해 키워져야 할 온실 속의 화초가 아니라, 뜨거운 태양과 거센 바람에도 스스로 생명을 지켜내야 할 들꽃인 것이다. 그런데 들꽃은 적응하고 살아남기 위한 경쟁을 하다보면 힘세고 체질강한 꽃만 살아남고, 약한 꽃은 시들고 사라지게 된다. 함께 살아가려면 원칙이 필요하다. 그 원칙이 바로 정의이다. 정의는 강물처럼 역행하지 않고, 아래로 흘러간다. 정의가 구겨질 때 국민은 가만있지 않는다.

42년이 흘렀다. 대통령은 "모두가 보편적 가치인 자유 시민이 되어야 하고, 자유는 결코 승자독식이 아니다"라 강조했다. 세상은 과연 자유로웠는가? 그리고 승자독식을 막아낼 만큼 정의로웠는가? 나는 자유가 구동되려면 두 가지를 해결해야 한다고 믿는다. 시장주의 회복이 그 하나다. 불공정거래, 대기업과 중소기업의 간극, 정규직과 비정규직의 대립, 정부 규제 등 제반 왜곡과 갈등구조를 풀어야 한다. 또 하나는 지역 간 격차 극복이다. 수도권과 비수도권 간 대립이 심하다. 중앙정부와 지방정부간 구조적 장애물이 높다. 지방은 아예 기회가 없다. 공정하지도 정의롭지도 않고, 상식의 범위를 벗어났다. 이를 바로잡아야 자유가 꽃필 수 있다.

나는 그간 이를 고민하며 실천해보려 애썼다. 다행히 특히 인수위기간 그 틀을 김병준위원장에게 배웠고, 대통령이 취임사에서 보낸 자유에 대한 의지에 진심으로 기대를 갖는다. 이런 마음을 책에 담고 싶었다.

나를 지역균형발전의 세계로 제대로 인도해주신 김병준위원장님에게 감사하다. 특위 정운천부위원장님과 오정근간사님, 그리고 함께 했던 모든 분들께 감사하다. 자유의 가치를 일깨워 준 나의 영원한 스승이신 이영작 전 한양대 석좌교수님께 감사하다. 내게 맞는 주제를 논문으로 권하고 지도해주신 이현국, 곽현근 대전대 행정학과 교수님께 감사하다. 대선 캠프 기간 내내 나를 이끌어준 친구, 박민식 보훈처장에게 감사하다. 어릴 적 친구이자 15년 글벗, 이해영 박사에게 감사하다. 글이 책이 되게끔 도와주신 도서출판 선 김윤태 대표님에게 감사하다.

그리고 그 누구보다 나의 정신적 버팀목이자 '내 아이를 살게 하고 싶은 도시, 대전'의 신념을 불어넣어 준 대전에 사는 내 딸 강서율(26세)과 새 아들 김태규(27세), 손녀 김설(2세), 7월에 세상에 나올 김단에게 진심으로 감사하다.

지역을 지키고, 키우며, 그 마음을 나누는 모든 분들, 특히 청년들에게 이 책을 바친다.

강영환

차 례

I

—

도시엔 생각이 있다

화려한 빌딩 숲속 거리이든, 한적한 시골 마을이든

이를 담은 도시엔 생각이 있다.

수많은 세월을 거치며 인간의 정주 공간이 되고,

도시는 어느새,

그 도시를 만든 인간들의 보이지 않는 의도가 켜켜이 쌓인다.

그런데, 떠나고 있다.

한적한 시골 마을에서 화려한 빌딩 숲속 거리로.

소멸이라는 섬뜩한 언어가 지역의 도시를 억누른다.

그 소멸이라는 언어는 어쩌면 국가 전체를 휘감을지도 모른다.

도시는 어떤 생각을 담는지,

사람은 왜 다른 도시로 떠나는지,

떠나는 이들을 붙잡으려는 국가와 도시의 노력에

부족함은 없었는지 살펴보았다.

그리고 나의 고민을 시작했다.

그 고민을 박사학위논문에 담았다.

논문 일부를 재구성했음을 미리 밝혀 둔다.

1

인구가 바로 지역의 경쟁력

지역소멸은 국가존망의 문제

　지역이 소멸위기다. 저출산·고령화, 인구절벽, 수도권 인구 과밀 등 다양한 사회경제적 원인으로 인해 많은 도시가 소멸될 위기에 있다. 구체적으로 82개 군 지역 중 84.1%인 69곳의 중소도시가 향후 30년 내 소멸할 것으로 전망된다. 특정 지역에 거주하는 인구가 감소하면 지역 경제가 침체되고, 이는 일자리 감소로 이어지며, 일자리가 없는 지역으로 이주하려는 인구가 줄어들어 종국적으로는 그 지역이 소멸하게 될 것이라는 전망이다.

　지역 소멸은 단순히 가설적 전망이 아니라 실제 현실화되고 있는 실증적 증거로 공개되고 있다. 행정안전부가 발표한 주민등록인구에 의하면 '20년 말 현재, 전국 243개 지자체 가운데 인구가 증가한 곳은 65곳에 불과하다. 광역지자체는 5곳, 기초지자체 60곳이다. 인구감소의 충격은 수도권보다 지역에 더욱 치명적이다. 지역이 수도권보다 고령화가 더 빠르게 진행되고 있으며, 지역 청년들의 수도권 유출이 매우 급속하게 진행되기 때문이다. 인구가 급감하는 읍·면·

동의 비율은 '13년 73.8%에서 '16년엔 80.2%로 크게 확대되었다. 이러한 인구감소엔 합계출산율(한 여자가 가임기간(15~49세)에 낳을 것으로 기대되는 평균 출생아 수)이 전 세계 198국 中 가장 낮은 0.84('20년 6월 현재)라는 점도 영향을 주었다. 심지어 신생아가 태어나지 않는 읍·면·동도 43곳인 것으로 조사되었다.

한국고용정보원은 '20년 5월을 기준으로 전국 228개의 시·군·구 중에 46%에 해당하는 105곳이 '소멸위험지역'(한 지역의 20~39세 여성 인구 수를 그 지역의 65세 이상 고령인구 수로 나눈 값)이라 밝혔다. 5년 전인 '15년 80개 지역에서 25개 지역이 늘어난 것이다. 전국 3,463개의 읍·면·동을 보면 더욱 심각하다. 전국적으로 소멸위험에 처한 곳은 '13년엔 35.5%인 1,229개 지역에서 '18년엔 43.4%인 1,503개 지역으로 8%포인트 가까이 증가했다. 이렇게 지역의 급속한 인구감소와 고령화, 수도권으로의 인구와 일자리 집중은 지역인구 이탈을 가속화시킨다. 지역의 정주여건은 쇠락하면서 경제적 어려움과 함께 삶의 질 악화로 이어진다.

지역소멸의 가장 직접적인 원인이자 문제의 정점에 있는 것이 청년인구 유출의 문제라 해도 과언이 아니다. 청년인구 유출은 그 지역 인구의 감소와 직결되고 인구 고령화를 불러온다. 그리고 청년층의 유출로 인해 지역의 활력은 크게 떨어지며, 남아있던 다른 청년들마저 지역에 대한 매력도를 감퇴시켜 재차 인구 유출로 이어지는 악순환을 발생시킨다. 결국 청년인구 유출의 심화는 인구절벽 현상과 지역소멸 가능성을 견인하는 핵심 원인이라 할 수 있다. 양질의 일자리가 있고, 교육과 문화 등을 향유할 수 있는 정주여건이 마련되어 일과 삶의 균형이 가능한 환경이 조성된다면 인구 유출의 악순환 고리가 인구 증가의 선순환 고리로 전환될 수 있다.

　문제가 크다. 지역소멸은 국가존망의 문제일 수 있다. 지역은 빠져나가는 인구로 황폐화의 길을 걷고, 수도권은 수도권대로 인구과밀로 황폐화의 길을 걷고 있다. 국가적인 대책이 필요하다. 어떻게든 지역을 살려내야 한다. 사람이 머물게 하고, 떠난 이들이 다시 찾게 해야 하고, 누구나 찾아오게 해야 한다. 지역균형발전의 시작과 끝은 결국 사람이다.

('21. 8. 박사학위 논문에서)

중앙정부 정책에
지자체 스스로의 노력을 더하자

　지역문제에 대한 중앙정부의 고민이 깊다. 지역소멸에 대한 대응과 지역균형발전의 과제는 매우 심각한 정책 과제인데, 정부가 방향성을 제시하고 지자체가 실행하는 정책들이 현실 경제와 지역주민의 삶을 위해 제대로 나아가고 있느냐 관점에서 고민이 많을 수밖에 없다. 실제로 다양한 공공정책들이 추진되고 있다.

　그 대표적인 예가 정부의 혁신도시정책이다. 정부는 수도권의 과밀 해소와 지역의 자립성 강화를 위해서 공공기관의 지역 이전을 도시 건설과 연계하여 혁신도시정책으로 추진하였다. 그러나 혁신도시는 지역의 부동산 가격만 오르게 하고 생활여건은 개선되지 않아 본연의 취지와 목적을 달성하지 못하고 있다는 지적이 있다. 혁신도시는 이전되는 공공기관을 수용하여 기업·대학·연구소·공공기관 등이 서로 긴밀하게 협력할 수 있는 혁신여건과 수준 높은 주거·교육·문화 등의 정주환경을 갖추도록 「혁신도시 조성 및 발전에 관한 특별법」에 의해 개발하는 미래형 도시를 말한다. 정부의 중점정책인

혁신도시의 발전 방향은 혁신여건과 함께 정주여건이 축을 이뤄야 한다. 그러나 그 전략에 있어서 주거·교육·문화 등 정주여건에 대한 정책적 관심 및 관련 논의는 거의 없는 실정이다.

지자체는 지자체대로 지역소멸을 타개하기 위해 지역사회 활력의 증강, 저출산·고령화문제 등을 해결하고자 청년유출방지와 유입 확대를 위한 다양한 정책을 경쟁적으로 펼쳐 오고 있다. 청년기본조례를 제정하고 청년정책을 전담할 청년정책팀을 구성하는 등 청년정책도 적극적으로 전개하는 상황이다. 그러나 이러한 청년정책들 역시 실제로 청년들의 지역 간 또는 지역 내의 인구변화에 관련된 원인분석을 통해 치밀하게 계획되고 진행되는가에 대해선 의문이 남는다. 지역별 청년인구 변화의 원인은 다양하다. 관련 문제의 원인에 대한 명확하고 체계적인 분석이 필요하다. 이를 기반으로 한 도시발전전략과 청년정책을 펼칠 때 청년의 지역 내 유입을 가져올 수 있기 때문이다.

정부는 '22년부터 균형발전특별회계로 10년 동안 해마다 1조원 (올해는 7,500억) 규모의 지역소멸대응기금을 편성한다. 광역자치단체에 25%, 기초자치단체에 75%로 배분한다. 이 기금은 자치단체별 기금사업의 우수성, 국고보조사업 등 타 사업과의 연계성, 사업 추진 체계 등을 종합 평가하여 차등지원을 하도록 되어있다. 올해는 89개 지자체에 기금이 지원된다. 그러나 실질적으로 어떤 효과를 발휘할 수 있을지 아직 그 결과는 미지수이다. 지자체간 과다한 경쟁과 실제 제대로 사용될 것인가 하는 문제, 쪼개어 나누어 줄 경우 얼마만큼의 실효성이 있을지에 대해 벌써부터 일부에서 회의적인 시각도 나오고 있다.

한편 법제화 노력도 필요하다. 최근 인구감소로 소멸위기를 겪고 있는 지자체로의 이주 및 정착을 획기적으로 유도·지원하는 「인구감소지역 지원 특별법」이 국회를 통과했다. 이는 인구감소 지역에 보육, 교육, 의료, 주거·교통, 문화 등 총 5개 분야를 행·재정적으로 특례 지원하는 법안이다. 앞으로도 계속 실효성 있게 미비점을 보완해 나가야 할 것이다.

그러나 인구소멸의 추세를 중앙정부 주도의 인위적 제도와 정책으로 막는 것은 한계가 있다. 지역이 주도적으로 나설 수밖에 없다. 사람을 머물게 하고 돌아오게 하는 일, 결국 이 일을 해야 하는 지자체 스스로가 발 벗고 나서서 노력하는 것이 더욱 중요하다.

('21. 8. 박사학위 논문, '22. 5. 노트에서)

인구와 도시발전,
그 부(負)의 연쇄를 막아라

    인구의 변화는 도시의 활력과 직결된다. 인구가 감소한다는 것은 경제의 주축인 경제활동인구가 감소함을 의미하고, 이는 지역경제의 쇠퇴를 가져오면서 전체적으로 도시의 활력을 저하시키는 원인이다. 마찬가지로 인구가 증가한다는 것은 경제활동인구의 증가를 의미하며, 이는 지역경제의 융성과 함께 전체적으로 도시의 활력을 키우는 요인으로 작용한다.

    대통령직속 국가균형발전위원회는 지역의 발전 정도를 '인프라에 기초해 경제기반이 튼튼하고 재정이 풍부하여 인구가 성장하고 복지가 양호한 정도'로 정의한다. 그리고 지역발전 정도를 인구, 경제, 재정, 복지, 인프라 측면에서 파악하고 있다. 인구변화는 곧 지역의 활력을 좌우하는, 지역발전의 가장 중요한 요소 중 하나로 작동하고 있는 것이다.

인구변화와 도시발전의 관계

행정안전부는 지역발전 정도를 기준으로 지역의 경쟁력을 파악한다. 즉, 낙후된 지역을 선정하면서 저발전을 '인구가 유출되고 경제기반이 부족하여 활력이 없을 뿐 아니라 재정이 취약한 지역'으로 정의하고, 지역발전 또는 낙후의 기준을 인구 측면, 경제적 측면, 재정적 측면으로 파악한다.

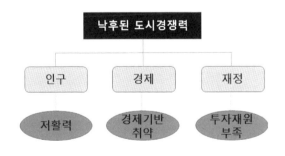

인구변화와 도시경쟁력의 관계

수도권을 제외한 대부분의 지역이 인구감소의 심한 몸살을 겪고 있다. 저출산에 따른 아동 및 학생 수의 급감과 고령화 현상은 도시의 인구감소를 빠르게 촉진시킨다. 인구감소는 지역의 경제활동은 물론, 그 지역의 생활기반과 관련된 제반 활동에 영향을 미친다. 인구감소는 수요의 감소를 불러오고, 수요 감소는 매장 등 상업시설뿐만 아니라 도서관이나 의료시설, 대중교통 등의 공공시설 및 서비스의 감소를 초래한다. 이러한 연쇄적인 감소로 인해 주민의 삶의 편리성은 저하되어 거주민은 물론 외부인의 눈에도 그 지역의 매력도는 저하된다.

인구감소는 타이라 노부히사가 예고한 '부(負)의 연쇄'를 점점 커지게 한다. 결국 일상생활 속에 불편함은 더욱 커지고 일자리 구하기는 갈수록 어려워지면서 지역문제는 지역 간 격차의 확대로 나타난다. 인구감소는 지역 간에 산업, 경제, 문화, 교육, 복지 등 다양한 영역에서 불균형을 심화시킨다. 이렇게 인구변화는 지역발전의 측면에서나 지역의 경쟁력 측면에서 매우 중요한 요인이다. 부의 연쇄, 즉 악순환을 차단하는 길을 알아내고 예방하는 데에 도시의 장래가 걸려 있다.

('21. 8. 박사학위 논문에서)

인구변화, 이론적 뿌리를 찾아

　인구문제는 시대상황에 따라 매우 민감한 사회적 의제이고 그렇기에 많은 학자들에게 관심을 받는 연구주제이다. 인구와 경제의 관계를 분석하는 학문이 경제학이다. 인구문제를 경제 현상과 연계한 최초의 경제학자는 영국의 토머스 맬서스(Thomas R. Malthus)이다. 그는 1798년에 발표한 인구론에서 "인구는 기하급수적으로 증가하고, 식량은 산술급수적으로 증가함으로 인구의 자연증가를 억제해야 한다."고 주장했다.

　인구이동에 따른 변화에의 관심은 어제 오늘만의 문제는 아니다. 인구변화를 연구하는 바탕이 되는 이론적인 틀은 철학적 배경에 따라 큰 차이를 보이며, 이 차이는 인구변화에 대한 경험적 분석방법과 해석에서도 상당한 차이를 보인다.

　먼저 인구변화를 설명하는 전형적인 축은 신고전경제학적 접근방법이다. 이 분야 연구자들은 노동력의 이동에 주요 초점을 두며, 지역 간 이동은 결국 지역 간의 임금 격차에 의한 것이며, 이동하는

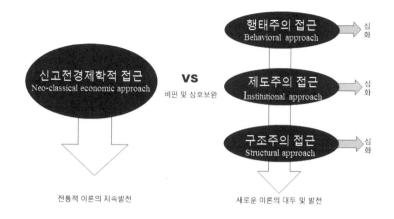

행태주의 접근
Behavioral approach
심화

신고전경제학적 접근
Neo-classical economic approach

VS
비판 및 상호보완

제도주의 접근
Institutional approach
심화

구조주의 접근
Structural approach
심화

전통적 이론의 지속발전

새로운 이론의 대두 및 발전

인구변화의 철학적 흐름

사람 수는 임금격차에 비례한다고 주장한다. 노동력은 낮은 임금의
지역에서 높은 임금 지역으로 이동하며, 궁극적으로 노동력의 이동
은 지역 간 임금이 노동시장에서 균등하게 될 때까지 일어난다고
보았다. 신고전경제학자들은 장기적으로 임금은 지역 간 균형을 이
루게 된다고 주장하는데, 이러한 주장은 가장 큰 비판의 대상이 되
었다. 신고전경제학자들이 예측한 바와는 다르게 실제로는 지역 간
격차가 더욱 벌어졌기 때문이다. 또한 신고전경제학자들의 기본 전
제는 노동자들은 소득을 극대화하려고 하고, 임금수준과 고용기회
에 관한 완전한 정보를 갖고 있다는 것이다. 따라서 노동력 이동에
는 어떠한 장애물도 없고, 노동자들은 다 같이 동질적이라고 주장한
다. 그러나 이러한 가정들은 현실과는 너무 괴리되었다는 비판을
받았다.

신고전경제학적 접근방식에 맞서는 새로운 이론들이 대두되었다. 그 이론들 중 하나가 행태주의적 접근방식이다. 이들 행태주의 연구자들은 인간은 경제인(economic man)이라는 가성에서 탈피하여 만족자(satisfier) 또는 제한적 합리성(bounded rationality)을 지녔다고 본다. 이들은 개개인이 지각하거나 인지하는 주관적·심리적 행태환경을 토대로 이주하는가와 이주에 대해서 어떻게 의사결정 하는지를 분석하는 데 초점을 둔다. 따라서 이들은 인구 이동량이나 패턴보다는 사회·심리적인 환경과 개인의 의사결정과정을 주목한다. 그러나 행태환경의 측정이 어렵다는 점, 연구가 지나치게 형식화되어 있다는 비판을 받는다.

신고전경제학적 접근방식에 맞서는 또 다른 이론은 제도주의적 접근방법이다. 이 접근방식은 인구이동에 있어서 정부, 주택자금 담당기관, 금융기관, 부동산 중개업체 등 조직체의 영향력을 강조한다. 특히 이들은 도시 주택시장과 주거이동에 있어서 금융·산업·상업·토지자본과 공공부문에서 자원의 배분 및 활용 시 다양한 경영자들이 어떤 핵심적 역할을 하는지를 분석한다. 이들은 주택수요에 영향을 주는 주택금융제도와 주택공급에 영향을 주는 토지·건설의 제도변화가 주거이동에 미치는 영향력을 파악하는데 초점을 둔다. 그러나 이들 역시 이론적 틀이 명료하지 못하고, 행위자의 역할과 영향이 불분명하다는 비판을 받고 있다.

최근 대두되고 있는 인구이동에 대한 새로운 접근방식은 구조주의적 접근방식이다. 이 구조주의적 접근방법은 인구이동 현상을 분석할 때 구조적 기틀과 이동의 행태적 반응 등을 반드시 포함해야 한다고 주장한다. 구조적 기틀은 정치와 법을 포함하는 경제적·사회적·물리적 상황을 의미하며, 인구이동 행태는 이 구조적 기틀에 의해 조건화되어 나타나는 것이라 주장한다. 구조주의 연구자들은 모든 사회적 현상은 지배적 생산방식과 연관되어 있다는 점을 강조한다. 그러나 이 접근방법도 인간의 행태 및 의사결정과정을 지나치게 경제 결정론적으로 해석하고 있다는 비판을 받는다. 또한 사회를 기능적인 측면으로 해석하고 인간을 주어진 조건에서 수동적 역할만을 수행하는 것으로 간주한다는 비판을 받고 있다.

인구변화와 관련된 대부분의 이론들은 '도시화'의 원인을 이해하고 설명하기 위한 노력들이다. 다시 말해서 도시로 이동하는 사람들의 문제는 무엇이고 어떻게 해소할 것인가에 초점을 두고 있는 연구들이다. 인구정책의 패러다임 전환이 필요하다. 앞으로 우리는 도시로 모여드는 사람들의 흐름을 지방으로 돌리는 방법을 찾고 정책적 노력을 집중해야 할 것이다.

('21. 8. 박사학위 논문에서)

인구변화를 보는 시각,
접근법은 달라도 목적은 하나

　인구변화를 보는 시각은 접근방법에 따라 거시적 모델과 미시적 모델로 구분된다. 거시적 모델은 인구이동을 거시적인 이동의 흐름 (migration stream)으로 파악하는 반면, 미시적 모델은 그 초점을 개개 인의 이주에 대한 의사결정과정(migration decision process)에 두는 행태적, 심리학적 관점에서 설명한다.

　거시적 모델은 경제적 요인과 물리적 환경의 시각에서 인구이동 을 설명한다. 이는 지역 간 이동에 제약을 주는 물리적, 지리적 거리 에 초점을 둔 중력모델과 지역 간 경제적 격차에 초점을 둔 신고전 경제학적 모델로 나눌 수 있다.

　라벤스타인(Ravenstein)은 '이동의 법칙(The Law of Migration)'을 통해 지역 간 인구이동엔 인구 규모와 거리가 결정적인 역할을 한다 고 최초로 주장했다. 그는 7가지 법칙을 주장하였는데, 대부분의 이 주자들은 단거리로 이동하는데 이들의 흡수가 가능한 상공업도시, 대도시로 주로 향하고, 인구가 줄어든 도시 주변의 농촌엔 더 멀리 떨어진 지방의 이주자들로 보충되며, 장거리 이동자들은 상공업 시설이 집중된 대도시를 선호한다는 주장이 핵심이다. 그의 이론은 인구이동의 패턴을 잘 설명해 주는 것으로 현재에도 고전적 중력모델, 개입기회모델, 배출-흡인요인 모델 등으로 이어져 유효한 설명력을 갖고 있다.

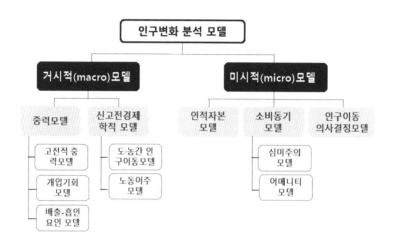

인구변화 분석 모델

　신고전경제학적 인구이동모델의 대표적 이론가인 힉스(Hicks)는 균형이론적 관점에서 경제적 이익의 차이, 특히 임금의 차이가 인구이동의 주요 원인이라고 주장하였다. 인구이동은 지역 간 임금격차에 의해 발생하는 노동력의 이동을 의미하며, 인구이동은 장기적으로는 지역 간 임금격차를 줄인다고 주장한다. 한편 토다로(Todaro)는 농촌 거주자가 도시에서 취업 기회를 가질 수 있는 확률을 인구이동의 주요 원인으로 본다. 그러나 도시에 현재하는 취업기회보다 더 많은 농촌인구들이 도시로 계속 전입됨으로써 도시는 항상 실업이 존재한다고 주장했다

미시적 인구이동모델은 이주에 대한 개개인의 의사결정과정에 초점을 맞추어 인구이동 현상을 설명한다. 이 미시적 모델에는 몇 개의 이론들이 있다. 예를 들어, 개개인이 이주과정에서 고려하는 주요 경제적 변인에 초점을 맞춘 인적자본이론, 인구이동을 소비재로 인식하며 인구이동의 소비 효율성에 초점을 맞춘 소비동기이론, 공공재 소비에 중점을 둔 티보 모델, 그리고 이주과정의 심리적 측면에 초점을 둔 의사결정모델 등이다.

인적자본이론은 신고적주의 경제학자인 베커(Becker)의 주장대로 "인적자본에 대한 투자는 사람들 안에 내재된 미래 수입에 대한 흐름의 활동"이며, 노동이주는 인적자본에의 투자라 할 수 있다.

소비동기이론은 교육과 정주여건(어메니티) 등이 인구이동에 영향을 준다는 것이다. 소비동기이론은 특히 교육 등에 대한 소비동기가 농촌에서 도시로의 인구이동에 지속적인 유발 요인이 된다고 밝혔다.

인구이동 의사결정 모델은 인구집단 또는 장소 특성보다는 개개인의 이동행태에 초점을 둔다. 특히 이 모델은 이주자 개개인은 상이한 특성을 지니고 있기 때문에 환경에 대한 지각 및 반응이 상이하다는 점을 강조하고 있다.

지방소멸을 막는 것은 국가적인 사활이 걸린 문제다. 출발점은 어디에 살든 행복한 생활이 보장되는 길을 선택하는 것이라고 많은

경제학자들이 주장해오고 있다. 위에서 소개된 이론들의 기본전제
는 인간은 합리적이라는 것이다. 즉 자신의 행복, 특히 경제적 이익
에 의해 의사결정을 내린다는 것이다. 쉽게 말해 경제적 이익·생활
편의·의료·교육·문화 등 국가가 할 수 있는 모든 것을 지역에 집중
하면 인구흐름을 바꿀 수 있다는 것이다. 따라서 정부는 지방소멸을
막는 요인들을 지역에 집중하는 정책을 최우선으로 삼아야 한다.

('21. 8. 박사학위 논문에서)

도시엔 생각이 있다

우리가 살고 있는 지역, 도시 이야기를 해보자. 빌딩숲 가득한 대도시일수도, 농촌의 한적한 마을일 수도 있다. 도시엔 생각이 있다고 믿는다.

역사적으로 잘 보관된 보물엔 재료와 이들의 결합으로 이루어진 형체와 그 안에 있는 물성만 존재하지 않는다. 보물에는 그것을 만든 이들의 정신이 담겨 있다. 최신식으로 디자인된 건축물은 흙과 시멘트와 나무, 철근과 페인트가 조합된 단순한 결과물이 아니다. 그 건축물엔 건축가의 생각이 담겨 있다.

건축가 유현준은 남대문이 불에 타 잿더미가 되었을 때, 불탄 남대문에 대한 "나무가 새 것이라 가치 없다"는 논란에 대해 남대문은 재료가 오래된 나무이기 때문에 문화재가 아니라고 말한다. 그 건축물을 만든 '생각'이 문화재인 것이고, 그 생각을 기념하기 위해서 결과물인 남대문을 문화재로 지정한 것이라고 말한다.

도시도 마찬가지다. 도시도 생각이 있다. 애초에 형성될 때 집과

길과 샘을 만든 생각이 있었다. 제법 마을을 이루면서 마을사람들이 함께 만든 원칙이 있고 점점 커져 가면서 도시에 대한 계획이 생겨나고 점차 가다듬어지며 개별 주거지와 함께 도로와 시장, 각종 공중시설, 그리고 제반 환경자원 등의 하드웨어가 발전되어 간다. 이와 함께 사람과 사람이 접하고 더 많은 사람들이 모이면서 규칙과 정치가 만들어지는 한편, 문화시설이 생겨나고 시간이 흐르면서 역사적 공간으로 남겨지는 등 도시의 소프트웨어가 차곡차곡 쌓여진다. 수많은 세월을 거치며 이렇게 도시는 인간의 정주공간이 된다.

도시엔 어느새 도시를 만든 인간들의 보이지 않는 의도가 반영되어 있다. 어느 학자는 도시공간에서 인간의 이러한 의도는 작게는 건축물에서부터 크게는 도시 전체에 내재되어 있다고 주장하며, 이러한 인간의 의도가 변화하기 때문에 도시공간에서는 끊임없이 변화가 일어나지만 단지 그 안에 살아가는 우리가 인식하지 못할 뿐이라고 지적한다. 그러나 도시가 발전하면서, 도시와 도시를 왕래하면서 도시에 깃든 의도 또는 담긴 생각을 접하면서, 도시의 사람들은 그 도시에 때로는 애정을, 때로는 불만을 형성하기도 한다. 정주공간으로서의 도시는 산업혁명을 거치면서 확연하게 인간의 관심 대상으로 떠오른다.

산업혁명이 불러온 사람들의 급격한 도시이주 및 이에 따른 도시의 급팽창 등 도시화 현상과 함께 이로 인해 경제, 사회, 환경 등 제반 도시문제들이 발생하고 이에 직면하게 되면서 도시는 새로운 고민을 불러일으킨다. 산업혁명으로 주택공급과 건설의 문제가 촉발되고, 사람이 많아지면서 교통의 문제, 공장 가동에 따른 환경과 공해의 문제, 안전과 치안의 문제, 보건위생의 문제 등이 대두되며 이런 제반 문제들을 해결하기 위한 연구도 본격적으로 진행된다.

이러한 연구의 흐름 중 하나가 모더니즘이다. 모더니즘은 건축에서부터 시작되었다. 모더니즘은 기능주의 원리, 즉 그것이 만들어지는 본래의 용도에 충실하여, 건축도 산업제품처럼 유용하고 기능적이어야 한다는 원리를 내세웠다. 모더니즘 주창자들은 '아무런 쓸모도 없이 그저 고풍스럽기만 할 뿐인 복잡한 주름장식과 같은 것에서 과감하게 탈피하고 대신에 실용적, 효율적 공간과 깔끔한 선을 즐긴다는 목표로 건물을 짓자'는 신조로 공간 활용의 효율성을 숭배했다.

모더니즘 도시이론은 기능성과 표준화, 단순화 등 경제적 효율성에만 치중한 결과 도시들은 다양성과 활력을 상실하였고 도시의 외연적 확산과 함께 교통, 환경파괴, 인간소외 등 새로운 도시문제를 일으키게 되었다. 모더니즘 도시이론의 폐해는 이후 많은 비판의 대상이 되었으며 지역적 · 역사적 맥락과 자연 · 환경적 특성을 강조하면서 인간의 삶의 질 향상에 역점을 두는 포스트모더니즘 도시이론을 대두시키는 배경이 되었다.

('21. 8. 박사학위 논문, '20. 6. 노트에서)

2

지역의 도시를 바라보는
패러다임의 변화

도시를 바라보는 두 시각: 모더니즘과 포스트모더니즘

　도시를 바라보는 두 가지 시각, 모더니즘과 포스트모더니즘의 대결이 불붙는다. 그 대결은 도시 공간 조성의 문제로서 현대엔 도시개발 과정에서 잘 드러난다. 도시공간은 모더니즘과 포스트모더니즘 도시이론 모두에 있어서 가장 핵심적인 요인 중의 하나이며, 도시개발의 과정에 있어서 도시의 물리적 구성을 결정하는 중요한 부분이다. 도시공간의 모더니즘과 포스트모더니즘은 특히 네 가지 차원에서 비교된다.(안인호·이종열, '20.12, 도시공간의 모더니즘과 포스트모더니즘 특성 비교분석)

　첫째, 이념적 지향성에 있어서 모더니즘은 합리주의와 과학주의에 입각한 기능 효율성을 가장 중요시하며 도시문제는 기술 발전을 통해 해결될 수 있다는 입장을 견지한다. 그러나 포스트모더니즘은 기능주의와 표준화, 그리고 대량생산방식의 모더니즘 도시개발은 현세대는 물론 미래세대에 이르기까지 폐해를 준다고 지적하며, 휴머니즘에 바탕한 인간 중심주의를 근간으로 삶의 질을 향상시키기 위한 지속가능한 개발방향에 논의의 중점을 두었다.

둘째, 역사와 지역에 대한 인식에 있어서 모더니즘은 도시공간은 최대한 많은 사람들에게 공평히게 분배되어야 하며, 도시계획은 이를 실현시키기 위한 하나의 수단이기 때문에 기능적이고 표준화된 건축물들을 지역특성과는 관계없이 대량으로 보급해야 한다고 주장한다. 반면에 포스트모더니즘은 모더니즘의 몰역사적·몰상황적 인식을 비판하며, 지역 특성과 역사성을 도시설계의 중요한 요소로 도입함으로써 도시가 경관의 다양성과 활력을 되찾아가게 했다.

셋째, 도시개발의 방향성에 있어서 모더니즘은 특정 단위 중심으로 구역설정, 용도의 엄격한 분리를 토대로 하는 지구지역제(zoning)에 의한 물리적 계획을 강조한다. 이런 물리적 요인을 강조하는 모더니즘은 시가지의 평면적 확산과 토지자원의 과도한 소비, 자동차 의존의 심화, 야간 도심 공동화, 교통 수요의 증가 등 도시기능의 비효율성이 가속화되는 역기능을 초래했다는 지적이 있다. 반면 포스트모더니즘은 도보로 5분 정도면 일상적으로 필요한 시설에 도달할 수 있도록 생활요소들을 집중시키는 고밀도 응집형 개발방식을 통해 승용차보다는 대중교통이나 자전거, 도보 통행을 촉진하고 지역 공동체의 유대 강화를 강조한다. 이런 강조를 통해 도시를 보다 인간 중심적인 거주공간으로 창출함은 물론 판매시설과 거주시설 등의 용도의 혼합을 통한 직주근접 실현에 역점을 둔다.

넷째, 건축 양식에 있어서도 기능주의에 입각한 모더니즘은 장식은 비실용적이고 사치스러운 군더더기이며 따라서 일체의 장식을 배격한 채 표준화되고 규격화된 익명의 건축물을 대량 보급하는 입장을 강조한 반면, 포스트모더니즘은 과거 건축양식을 복고적으로 도입하고 절충주의적인 건축양식을 지향함으로써 모더니즘의 형식적 추상주의와 기능주의를 배제했다.

　도시공간에 있어서 모더니즘은 결국 ① 기능주의적 도시설계 → ② 대량생산에 의한 도시건축 → ③ 표준화된 주택건축 → ④ 관 주도의 도시경관 창출 → ⑤ 공업위주의 도시경제기반 형성 → ⑥ 생산지향성이라는 일련의 특징이 나타나는 반면, 포스트모더니즘은 ① 절충주의적 꼴라쥬 건축양식 → ② 복고주의적 건축 및 도시설계 → ③ 다양한 도시경관 창출 → ④ 문화의 보존 및 활용 → ⑤ 서비스부문 도시경제 기반 형성 → ⑥ 소비지향성의 특징으로 귀결될 수 있다. (임형백, '20. 8, 어메니티를 이용한 농촌 활성화 방향)

　모더니즘과 포스트모더니즘의 시각에서 보았을 때 인간의 거주 또는 이주의 문제는 어떻게 해석될 수 있을까? 이 부분에 대해서 많은 연구가 진행되고 있지 않지만, 두 이론의 지속적 대립의 연장선에서 유추한다면 사람들을 유인하기 위한 기능이 숨겨진 도시에의 거주와 이주를 선택함에 있어서, 모더니즘 시각에선 기능성과 표준화·효율성이 강조되고 소비보다는 생산지향성이 특징인 속에 일자리와 경제생활의 기능이 가장 중요한 유인책일 개연성은 충분히 존재한다. 반면 인간의 삶에 대한 가치, 지역성과 문화, 개성이 강조되고 생산보다는 소비지향성이 특징인 포스트모니즘의 시각에선 정주를 위한 공간으로서의 가치, 즉 미학적·문화적 여건이 더욱 중요한 유인책일 개연성이 높다.

　도시엔 생각이 있다. 도시엔 보이지 않은 의도가 있다. 모더니즘은 다소 기능주의적 또는 경제적 논리를 도시공간에 내재시켜 사람들의 삶과 이주 역시 전통적인 가치인 생산과 일자리를 중심으로 공간을 형성하고, 일자리를 찾아 다른 도시로의 이주를 선택하는 경향이 있다고 할 수 있다. 포스트모더니즘은 다분히 미학적이며 문화지향적인 논리를 도시공간에 내재시킨다. 따라서 사람들의 삶과 이주 역시 도시공간 내의 존재와 다양한 삶의 구현, 그리고 소비적 관점에 초점을 두는 경향을 보인다. 그리고 이것이 어긋날 경우 도시를 떠나는 선택을 한다고 할 수 있다.

도시를 바라보는 포스트모더니즘의 핵심 주장 즉, 경제 중심 기능의 논리가 아닌 문화지향적, 미학적 논리가 최근 주목받는 인구이동이론인 어메니티 모델로 이어진다. 도시와 인구변화 문제에 대한 나의 생각은 바로 포스트모더니즘에 기반한 어메니티 모델에서 출발한다. 나의 늦깎이 박사학위논문, '청년인구변화에 미치는 도시어메니티의 영향 연구'에 대한 고민이 시작되었다.

('21. 8. 박사학위 논문에서)

도시어메니티가 주목받는다

　나의 박사학위논문의 핵심 주제, 어메니티에 대해 잠깐 소개할까 한다. 정주여건이라 번역하기도 하지만 요즈음은 뉘앙스의 차이로 인해 어메니티라는 원어를 그대로 사용하는 경향이 강하다. 어메니티(amenity)는 라틴어로 '친근하다', 또는 '쾌적하다'라는 뜻이다. 구글 영어사전에서는 amenity를 "생활을 즐겁게 해주는 가지가지의 일"로 정의하고 있다. 이러한 정의에 따르면 '쾌적성' 뿐만 아니라 '즐거움' 이라는 측면이 더 강조된다.

　학계에서 어메니티 개념은 학자마다 다양하지만 일반적으로는 '쾌적한 환경과 상쾌함'으로 정의한다. 여기에서의 환경에는 물리적 환경뿐만 아니라 문화적인 환경을 포함하여 넓게 해석할 필요가 있다. 어떤 이들은 어메니티는 자연을 개발의 대상으로만 여겨온 서양식 사고에 대한 비판적 관점에서 자연, 풍경, 건축물의 질 등 미적인 배려를 전제로 하는 윤리적인 개념으로 보기도 한다.

　정책 개념으로서 도시어메니티라는 용어가 본격 등장한 것은 영국의 「도시 계획법(Town and Country Planning Act)」의 도입 시기부터이다. 그러나 이 법은 도시 전역을 대상으로 해서 열악한 지역 환경의 개선을 목적으로 했다기보다는 교외 주택지의 주거환경의 개선을 겨냥했다는 한계가 있다. 이후 '67년 「공중 어메니티법(Civic Amenities Act)」과 '74년 「도시·농촌 어메니티법(Town and Country Amenities Act)」등의 후속 법안이 제정됨으로써 도시공간의 질 개선을 위한 보다 포괄적인 공간계획의 수단이자 원리로 어메니티가 활용되기 시작했다. 이렇게 어메니티는 도시 계획법에 의해 등장했고 근대 도시계획에서부터 활용되었다. 이후 여러 국가로 그 개념이 전파되어 도시, 건축, 환경 등 다양한 분야에서 활용되고 있다.

도시어메니티에 대한 학술연구는 도시화 현상에 따른 환경문제를 비판하면서 시작되었다. 도시어메니티에 관한 본격적 개념 정의는 맥널티(Robert H. McNulty)가 시작하였다. 그는 도시어메니티를 '물리적, 문화적, 역사적, 사회적 장소의 매력적 특징'으로 규정하고, 이같은 특징은 지역사회에 거주하는 사람들의 전반적인 삶의 질에 긍정적으로 기여한다고 주장한다. 국내에서의 논의는 대략, '장소의 특성을 나타내는 그 장소의 고유한 속성이나 그 장소 안에 존재하는 유·무형의 산출물로서 그 장소를 더욱 매력적으로 만들어 주는 것'(최유진, '17, 도시어메니티의 지역경제 활성화 효과분석)으로 정리될 수 있다.

어메니티의 유형과 분류기준 관련한 개념화 작업 또한 활발하게 진행되었다. 실제 도시개발의 기획 방향을 설정하는 데에 깊이 관련되기 때문이다. 대표적으로 OECD개발위원회는 어메니티를 '경관, 역사, 그리고 문화적 요소를 포함해 자연적인 것이든 인위적인 것이든 지역에 존재하는 모습들로서 사회적·경제적 가치를 지니며 효용을 제공하는 것'으로 정의하면서 그 유형을 어메니티 자원이 생성된 기원을 기준으로 세 가지로 분류했다. 첫째는 인간의 특별한 개입 없이 자연적으로 형성된 어메니티, 둘째는 자연과 인간 간의 상호작용에 의해 형성된 어메니티, 셋째는 인간 스스로 인위적으로 만든 어메니티이다.

나는 박사학위논문인 '청년인구변화에 미치는 도시어메니티의 영향 연구'에서 어메니티를 경제기능 어메니티, 공공지원 어메니티, 교육복지 어메니티, 생활여건 어메니티, 문화가치 어메니티 등 5개의 유형으로 분류하고, 각 어메니티들이 청년인구의 변화에 미치는 영향을 분석했다. 연구결과 각 어메니티별로 청년인구 또는 노령인구에 서로 상이한 영향을 미치는 것으로 파악되었다. 자세한 내용은 이 책의 5부에서 사례 중심으로 상세하게 설명하였다.

도시어메니티에 관심이 증가하고 있다. 일부 도시는 지역경제 활성화나, 주민들의 정주환경 개선 등 삶의 질 향상을 위한 주요 대책으로 삼고 있기 때문이다. 도시어메니티 인프라는 외부 사람들이나 도시 주민이 공유하기 때문에 시장, 건물, 문화시설, 편의시설 등 도시공간에 대한 종합적 안목으로 적극적인 개발이 필수적이다. 실제 유명 도시들은 역사 유산이나, 문화·예술 등 도시가 보유한 콘텐츠, 그리고 자연적으로 조성된 거리와 시설을 연결시켜 사람들의 눈을 끌어당기고 이런 어메니티 자산은 도시의 주요한 수익원이 되고 있다.

('21. 8. 박사학위 논문에서)

스타벅스가 사람을 끌어당기는 시대

스타벅스는 도시에 어떠한 영향을 미칠까? 유명한 커피집 중의 하나 정도로 여길 수 있겠지만. 젊은 층에겐 아마도 스타벅스가 있는 도시와 없는 도시로 나눌 정도로 절대적일 것이다. 어메니티에 대한 관심이 최근 더욱 각광을 받으면서 이 어메니티 구성요소를 어떻게 바라보는가에 대한 논의가 이루어지고 이에 따라 많은 시각 차이가 나타난다. 이를테면 박물관이나 스타벅스 또는 고급 음식점을 어떻게 분류할 것인가에 따라 차이가 나타나는 것이다.

전통적 경제결정주의 이론가들에게 스타벅스나 고급 음식점은 단순히 순수한 사적재(private good)인 커피 또는 고급 음식을 개별 소비자에게 제공하는 경제행위 주체일 뿐이다. 전통적 시각에선, 개인 또는 도시가 부유하게 되면 사람들은 더욱 사치스런 제품을 소비함으로써 공급업체가 번창하는 효과를 불러온다고 주장한다. 즉, 상류 소비층이 스타벅스와 같은 최고 명성의 카페나 최고급 음식점 증가를 유발시킨다는 주장이다.

반면에 지역 발전이나 삶의 질 차원에서 어메니티 요소를 강조하는 입장에서는 스타벅스나 고급 음식점과 같은 요소들은 준사적재로 분류된다. 고급생활의 향유는 특정 상류층의 전유물이 아니라고 생각한다. 평범한 사람들도 사치스런 제품을 소비하며 경제외적인 심미적 가치를 향유한다고 생각한다.

전통적 경제결정주의 시각에서는 생산요소가 풍부한 곳이 더 많은 직업을 창출하게 되고 이는 또한 더 많은 사람들을 끌어들이는 동인이 된다고 보지만, 어메니티 요소를 강조하는 시각에서는 소비를 더욱 중시한다. 거주지와 일터를 선택하려는 사람들에게 스타벅스는 단순한 커피 소비처가 아니다. 따라서 스타벅스의 입지는 지역의 장소적 맥락을 재규정한다. 이는 스타벅스 커피를 좋아하지 않거나 이용하지 않는 사람들에게도 그대로 적용된다. 이러한 요소들은 지역상황에 따라 다르게 작용하며 이들의 누적 효과는 개인이나 기업의 입지 선택 결정에 영향을 미치게 되고 결과적으로 그 지역의 인구증가나 감소를 유발할 수 있는 것이 현실이다.

이러한 차이의 연장 속에 전통적인 이론가들은 사람들이 일자리를 찾은 후에 이주하는 것으로 보지만 어메니티 이론가들은 사람들은 거주지를 결정할 때 일자리를 선택하기 이전 또는 동시에 한다고 생각한다. 농촌지역으로부터 도시로의 구직 이주가 주요했던 과거의 인구이동과는 달리, 지금은 자신의 거주지를 먼저 생각하고 일단 이주를 실행한 이후에 일자리를 찾는 유형들이 점점 늘어나고 있다.

테리 클락(Terry N. Clark)은 본격적으로 어메니티 철학과 이론체계를 세웠다. 그는 각각의 어메니티 시설은 사람마다 다른 반응을 불러일으키고, 다양한 형태로 유동인구에 영향을 미친다고 주장했다. 그리고 도시어메니티를 평가하는 요소로 자연 어메니티(natural amenity)와 인공 어메니티(constructed amenity) 등 두 가지 요소로 구분했다. 자연 어메니티로는 적절한 온도, 수변공간, 언덕 등이, 인공 어메니티로는 오페라, 서점, 도서관, 자전거 보관함, 식음료 판매 공간 등이 포함된다.

클락은 도시의 성장이 직업과 생산이 아니라 시민의 소비패턴과 선호에 좌우되고 있음을 지적하고 기존의 직업과 거주 및 이주에 대한 연구 역시 재조정되어야 한다고 주장한다. 그리고 인구증가는 직업보다 문화적인 영향력이 더 크다고 주장한다. 그는 후기 산업화와 세계화 시대를 맞아 도시의 성장동력은 과거처럼 제조업 중심이 아니라고 강조하며, 시민들이 점차적으로 더 높은 삶의 질을 추구한다는 점에 주목했다. 따라서 도시의 성장을 위해서는 도시어메니티가 심미적으로 갖추어지게 노력해야 한다고 지적한다.

클락은 자연 어메니티와 함께 도시의 인공 어메니티를 박물관, 오페라, 스타벅스, 쥬스바 등과 같은 편의시설로 보고 있으며, 이러한 어메니티가 도시 성장에서 매우 중요하다는 것을 밝혔다. 특히 그는 대학졸업자 등 젊은 층의 경우 자연 어메니티보다 인공 어메니티를 더욱 선호하는 반면에 노령인구는 자연 어메니티를 추구하고 있음을 밝혔다. 그는 최종 거주지를 결정할 때 어디에 살고, 어디에서 삶을 즐기느냐가 직업 자체보다 더욱 중요하게 작동한다고 주장했다.

어메니티를 도시개발이나 재생사업에 연결, 단기효과를 기대하며 모색하는 경우가 있다. 문화예술, 교육, 의료, 관광 등의 어메니티들을 도시 발전과 재생의 자원으로 활용하는 것은 매우 중요하다. 그러나 도시의 어메니티, 특히 도시 내의 구도심에 어메니티를 제공하는 것은 시간이 필요하다. 구도심지역의 다양한 민원과 애로사항을 해소하고, 교통, 복지, 문화, 일자리 등을 단기간에 완비할 수는 없다. 장기적 시각으로 도시재생을 위한 어메니티의 유형을 선정하고 우선순위를 정하는 것이 필요하다. 사람들이 주어진 지역에서 어떻게 살고, 일하고, 놀 것인지 예측해야 한다. 이를 통해 질서 있고 지속가능한 도시개발과 재생이 계획되어야 한다.

('21. 8. 박사학위 논문에서)

II
—

열려라 지방시대

지역균형발전에 대한 통찰

150만을 넘는 교통 중심, 문화 중심, 과학 중심의 도시 대전이

144만 도시로 인구는 계속 감소하고,

경제의 활력은 점차 줄어들고,

뺏기고 떨어지고 상처가 계속 커지면서

국가의 중심에서 점차 멀어짐을 느끼는 현실에서

비단 이 문제가 내가 태어나 자란 대전만의 문제가 아님을,

14개 시·도가 함께 아파하고 함께 주도적으로 풀어가야 하는 문제임을,

수도권과 비수도권 간 기울어진 운동장을 방치하면

국가가 통째로 기울어질 것임을,

이 문제가 근본적으론 자유주의 철학과 공정과 상식이 훼손된 문제임을

'22년 봄, 느끼고 배우고 함께 고민했다.

인수위 지역균형발전특위에서의 치열했던 50여 일을 돌아보고,

함께 만든 '지역균형발전 비전 대국민 발표'를 마음에 새기며,

무엇보다 '윤석열정부는 지방시대'가 반드시 열매 맺기를 기대하며

지역균형발전에 대한 나의 생각을 정리한다.

1

윤석열정부는 지방시대

지방시대를 논함

윤석열 대통령 당선인은 지난 3월 24일 대통령직인수위원회 지역균형발전특별위원회에서 "새 정부를 한 마디로 말하면 지방시대"라 말했다. 지방이 균형발전해서, 수도권에 몰려 목숨 걸고 경쟁하는 현재의 구조가 바뀌지 않으면 저출산, 고령화 문제도, 일자리와 경제성장 문제도 풀릴 수 없다고 말하며 전체적으로 지방이 발전하는 것이 국가의 발전을 이루는 길이라는 생각을 분명히 밝혔다.

과연 대통령 당선인이 말한 지방시대는 열릴 수 있을까? 나는 이것이 가능하기 위해선 우리 사회에 고질적으로 팽배해 있는 국가주의에서 벗어나 자유주의 원칙과 기제가 작동하는 것이 무엇보다 중요하다고 생각한다. 아울러 우리 사회가 반드시 회복해야 할 가치이자 목적이기도 한 공정과 상식을 복원시키는 것이 필요하다고 본다.

이를 위해선 두 가지 구조가 필요하다. 그 하나는 시장주의다. 불공정거래와 갑질문화, 정규직과 비정규직의 대립, 대기업과 중소기업 간의 간극 등 제반 영역의 갈등과 왜곡되어있는 현상을 풀어야 한다. 또 하나는 지역 간 격차의 극복이다. 중앙정부와 지방정부 간에 구조적 장애물이 있다. 수도권과 비수도권 간의 대립이 심하다. 성장을 해야 과실을 딸 수 있으나 지방은 기회가 없고 황폐하다. 불공정하다. 이 두 가지 모순을 바로잡아야 공정과 상식에 바탕한 자유주의적 질서가 만들어질 수 있다.

결국 지방시대는 자유주의이며 지역의 모세혈관이 살아 숨쉬는 시대다. 지역의 기관이나 개인의 상상력이 한껏 발휘되어야 한다. 지방에 활력을 솟게 하고, 지역공동체를 살리고, 지역 주민이 건강한 삶을 누리고, 아래로부터의 혁신이 가능해야 한다. 그 구조로서의 자유다.

지방시대는 그간 지역적 차별을 공정과 상식의 원리로 돌려놓는 대역사다. 똑같은 사양을 지닌 아파트의 자산가치가 서울이냐 지방이냐에 따라 천양지차다. 공부를 잘했는데 지방을 이유로 취직이 안된다. 지역이 골고루 건강하게 성장해야 한다.

지금은 국가와 국가 간의 경쟁을 지나 도시와 도시가 경쟁하는 시대다. 상하이와 경쟁하고 싱가폴, 홍콩과 경쟁한다. 그런데 우리나라는 수도권이나 비수도권의 도시 모두가 경쟁력이 떨어지고 있다. 수도권은 과밀도로 경쟁력을 상실하고, 지방은 황폐화에 더해 마구잡이 개발방식으로 경쟁력이 취약하다. 대내적으론 불균형에, 대외적으론 경쟁력이 떨어지며 전체적으로 성장잠재력이 발목 잡히고 있다.

어떻게 해야 할까? 무엇보다 균형발전을 위한 거버넌스 체계의 변화가 필요하다. 지금의 국가균형발전위원회나 자치분권위원회 같은 위원회 조직으론 안 된다. 수십 회 회의가 있는 동안 대통령이 상견례 때나 한 번 찾아오는 그런 구조로는 어림없는 일이다. 실행 능력이 있어야 한다. 적어도 관계 장관을 부를 수 있는 부총리급 이상의 수장이 지휘하는 조직으로 대통령이 힘을 불어넣어줘야 한다.

그리고 '혁신도시네' 하면서 정부기관 이전만으로 문제를 풀어선 안된다. 기업이 가게끔 해야 한다. 이를 위해서라면 법인세, 양도세, 상속세 등 세제혜택 인센티브는 필수적이고, 보다 과감해야 한다. 또한 지자체가 자체적 발전방향을 디자인하고 중앙에 대해 규제철폐를 적극적으로 요청케 해야 한다. 교육체계를 개편, 지방학생들이 지방에서 일할 수 있게 하고 지역대학과 산업이 연계되게 해야 한다. 특히나 지역사회 자체에 로컬 크리에이터를 양성해야 한다.

균형은 무엇인가? 모든 지역의 발전 속도를 동일하게 맞추는 것이 절대 아니다. 발전을 향한 기회가 균등해야 한다. 윤석열 대통령 당선인은 어느 곳에서나 동등한 기회를 누리는 세상을 강조했다. 정말 이루어졌으면 좋겠다. 지방시대, 기회의 동등을 기대한다.

(시사뉴스 '22. 4. 21)

지방이 발전해야 대한민국이 발전한다

    50여일을 달려왔다. 3월 중순 대통령직 인수위가 만들어지고, 김병준 인수위 균형발전특별위원회 위원장으로부터 특위 기획운영실장을 제의받으면서 시작, 5월 12일 제주에서의 마지막 국민보고대회까지 지칠 줄 모르고 달려왔다. 지역의 많은 이들을 만나고 현안을 접하며 60명 가까운 특위의 전문가와 공무원들은 비좁은 사무공간과 열악한 여건 속에서도 딱 하나, '윤석열정부는 지방시대'라는 3월 25일 상견례에서의 대통령 말씀을 가슴에 담고 달려왔다. 윤석열정부는 개인과 기업의 자유와 창의를 존중하고, 공정과 상식이 제대로 갖춰진 나라가 될 것이라는 믿음, 그리고 이 믿음은 지방에서 제대로 살아 숨 쉴 때 이루어질 수 있다는 사명을 안고 달려왔다.

    바꾸고 싶었다. 국가 주도의 국가균형발전이 아니라 지역 주도의 지역균형발전이 되어야 한다고 생각했다. 공공기관 이전이 더 이상 균형발전의 중심이 아니라 기업이 자발적으로 지역으로 옮겨가는 변화가 이루어져야 한다고 생각했다. 그래서 윤석열정부는 중앙정부 주도에서 지자체와 지역사회 주도로, 관(官) 중심에서 민간의 자율혁신체제 강화로 국가의 성장동력이 바뀌는 모멘텀이 돼야 한다고 생각했다. 그래야만 지방도 자유민주주의와 시장경제 아래 기업과 지방정부, 지역공동체가 같이 살아 움직이는 사회가 될 것이라 생각했다.

지역균형발전특위는 이렇게 달려오며, 변화시켜야 한다는 열망으로 몇 가지 방향타를 선보였다.

첫째, 기업이 비수도권으로 이전하고 투자를 하게 하는 실질적 정책들을 고민했다. 그것이 기회발전특구이다. 양도세와 상속세, 법인세를 대폭 감면 또는 이연(移延)하는 전례 없는 세제혜택과 규제를 대폭 완화해 줌으로써 이를 기반으로 다양한 혁신 클러스터가 형성·발전해 나가도록 하는 일이다.

둘째, 교육과 문화 등 생활 여건에 있어서 비수도권을 '머물 수 있고 다시 오고 싶은 지역'으로 만드는 방안을 찾는 일이다. 자녀교육 때문에 수도권에 머물 수밖에 없는 가족이 많다. 대안학교 등 수요자의 교육선택권을 높이는 교육자유특구를 시범 운영하는 계획이 대표적 예다. 지역에 다양한 콘텐츠의 로컬 크리에이터 활동 공간을 넓혀가는 것도 필요하다.

셋째, 지역의 우수 인재들을 수도권에 뺏기지 않는 방안을 찾아야 한다. 결국은 양질의 일자리가 중요하다. 4대 메가시티에 판교밸리와 같은 특구를 조성함으로써 수도권 인구 유입 유인을 약화시켜야 한다. 지역인재를 육성하기 위해 산학연계를 강화하고, 대학 운영 권한을 지자체장에 대폭 이양하는 방안도 모색했다.

넷째, 지자체의 주도적 역할이 중요하다. 이를 위해선 지자체 스스로 기획역량을 강화해야 한다. 기회발전특구는 득화지역 및 산업 결정, 인력양성계획과 정부규제 해제 요청 등 기본구조에 대한 디자인을 지자체가 한다. 지자체의 기획력이 절대 필요하다. 물론 지자체의 권한을 늘리고 재정력의 강화도 수반되어야 할 것이다. 권한에 따른 책임도 늘어야 한다. 도덕적 해이를 막기 위한 자기책임성 확보 기제 또한 당연히 강화되어야 한다.

길다면 긴 시간, 짧다면 짧은 시간 많은 과제들을 다루었다. 다루지 못한 과제들도 많을 것이다. 다양한 문제지만 그러나 하나로 통한다. 지역도 중앙과 기회가 균등해야 한다는 사실이다. '어디에 살든 균등한 기회를 누리는 지방시대'라는 대명제에 모든 해답은 통한다.

지방이 발전해야 대한민국이 발전한다.

(충청투데이 '22. 5. 24)

지방시대,
국가 성장 패러다임의 대전환

　"번영과 풍요, 경제적 성장은 바로 자유의 확대", 윤석열 대통령이 5월 10일 취임식에서 자유의 가치를 강조하며 한 말이다. 윤대통령은 "모두가 보편적 가치인 자유 시민이 되어야 하고, 자유는 결코 승자독식이 아니다"라고 말했다.

　우리 사회에 팽배한 국가주의에서 벗어나 자유주의 원칙과 기제로 국가경영을 하겠다고 선언하는 순간이다. 나는 자유가 제대로 구동되려면 두 가지가 해결되어야 한다고 생각한다. 하나는 시장주의의 회복이다. 불공정거래, 정부 규제, 대기업과 중소기업 간의 간극, 정규직과 비정규직의 대립 등 제반 영역의 갈등과 왜곡 현상을 풀어야 한다. 또 하나는 지역 간 격차 극복이다. 중앙정부와 지방정부 간에 구조적 장애물이 있다. 수도권과 비수도권 간의 대립이 심하다. 성장을 해야 과실을 딸 수 있으나 지방은 기회가 없다. 이 두 모순을 바로잡아야 공정과 상식에 바탕을 둔 자유주의적 질서가 만들어질 수 있다. 그런데 지방은 두 모순을 동시에 겪고 있다.

'10년대 중반 이후 인구, 소득, 산업·지역활력 등 제반 영역에서 수도권 집중의 마태효과(Matthew Effect: 있는 자는 받아 넉넉하게 되되 없는 자는 그 있는 것도 빼앗기리리는 마태복음 13장 12절에서 유래된 빈익빈 부익부 현상을 이름)가 가속되면서 지방의 어려움은 가중되고 수도권과 비수도권 간의 불평등은 확대되고 있다. 국토 면적 11.8%의 수도권의 인구는 '19년 비수도권을 역전시켜 '21년 현재 50.4%로 앞서고, GRDP(지역내총생산)는 '15년 이후 계속 벌어져 '20년 현재 52.6%, 취업자 비중 역시 '17년 역전되며 '21년 현재 50.5%를 수도권이 차지하고 있다.

극심한 지역 간 격차와 양극화 현상은 지역민들의 상대적 박탈감과 소외감을 키운다. 같은 사양의 아파트 자산가치가 서울이냐 지방이냐에 따라 천지차이다. 성적이 우수한데도 지방이라는 이유로 취직이 안 된다. 이미 기울어진 운동장이다. 전혀 공정하지도 않고 상식적으로 이해하기엔 도를 넘어섰다. 그렇기에 지방의 문제를 해결하는 것은 우리 사회가 반드시 회복해야 할 가치이자 목적이기도 한 공정과 상식을 복원시키는 대역사다. 우리 국토에 '공간적 정의'를 구현하는 일이다.

공정과 상식을 모토로 하는 윤석열정부는 인수위원회 단계부터 최초로 지역균형발전특별위원회를 병렬적 조직으로 구성했다. 윤대통령은 특위 첫 회의에서 "새 정부를 한 마디로 말하면 지방시대"라 천명했다. 수도권에 몰려 목숨 걸고 경쟁하는 현재의 구조가 바뀌지 않으면 저출산, 고령화 문제도, 일자리와 경제성장 문제도 풀릴 수 없다고 말하며 전체적으로 지방이 발전하는 것이 국가의 발전을 이루는 길이라는 생각을 분명히 밝혔다.

특위는 '어디에 살든 균등한 기회를 누리는 지방시대'를 여섯 번째 국정목표로 채택하고, 공정·자율·희망을 기치로 진정한 지역주도, 혁신성장으로 일자리 창출, 고유 특성 극대화 등 3개의 약속과 15개의 국정과제를 발표했다. 이 국정과제엔 대통령이 선거기간 동안 각 지자체별로 약속한 7대 공약을 바탕으로 15대 지역정책과제를 도출하고 이를 성실히 수행할 것을 포함했다.

지방시대라 명명했듯 윤석열정부의 지역균형발전은 패러다임의 대전환이다. 기회발전특구(Opportunity & Develope Zone)나 교육 자율성 확대 시범지구, 로컬 크리에이터, 자치분권 제도개혁 등 국정과제의 면면엔 중앙정부 주도에서 지자체와 지역사회 주도로, 관 중심에서 민간의 자율혁신체제 강화로 국가의 성장동력을 바꾸어야 한다는 기제가 담겨 있다. 명실상부한 지방시대를 열어가는 국가개조의 대역사가 시작된 셈이다.

(충청투데이 '22. 5. 11)

2

지방시대 미리보기

1. 재정분권을 향한 길

재정분권,
진정한 지방자치의 밑거름

지자체 스스로의 힘으로 무언가를 이루기 위해서 가장 중요한 것 중의 하나는 역시 돈이다. 그것이 지방자치제도 자체의 힘일 수 있다. 힘이 되려면 재정 권한이 대폭 지자체에 이양되고 자주재원이 늘어나야 한다. 물론 이에 따른 지방재정의 투명성과 책임성은 담보되어야겠지만 말이다.

지역균형발전특별위원회는 지방 재정 권한 정도를 명확히 하기 위해 총 세입예산(지방세, 세외수입, 지방교부세, 국고보조금, 보전수입 등 기타재원) 대비 자주재원(지방에 자기결정권 있는 재원으로서 지방세, 세외수입, 지방교부세, 포괄국고보조금 및 자율성 있는 국고보조금) 비율인 재정자주도 개념을 활용할 것을 제안했다. 그리고 목표 설정에서도 기존의 지방세 규모 등 단선적 지표가 아니라 3개 주체별로, 즉 기획재정부의 지방교부세와 국고보조금, 행정안전부의 특별교부세, 광역자치단체의 지방세 자체 목표를 설정하도록 권고했다.

최근 지방세 규모 자체는 증가하는 추세이다. 그러나 재정자주도를 적용하면 오히려 낮아지는 추세임이 명확하게 드러난다. 즉 지방세 규모는 '18년 84.3조원에서 '20년 102조원로 늘어났으나, 재정자주도에선 75.3%에서 '20년엔 73.9%로, 특히 '21년엔 70.8%로 대폭 감소했다. 재정분권을 위해선 자주재원의 확충과 재정권한 이양으로 지방의 재정자주도를 적정 수준으로 끌어올려야 한다.

늘어나는 복지 등의 지방재정 수요를 충족하고 자주재원을 확충하기 위해선 지방교부세 법정률 등 지방재정 조정제도의 개선이 불가피하다. 용도가 정해진 재원인 특별교부세 일부를 보통교부세에 통합하여 지방재정의 자율성을 강화하는 것도 방법이다. 지자체 스스로도 노력을 기울여야 한다. 무엇보다 지방세 징수율을 높이고 신규 세원을 발굴하여 자체 재원을 확대해야 할 것이다.

국고보조사업 중 지역 수요가 높고, 균형발전정책에 부합하는 타회계·기금사업을 균형발전특별회계로 전환 추진하는 것이 바람직하다. 아울러 국고보조사업 중 지자체의 자율적 사업 추진이 적합한 사업, 특히 지역밀착형 사업을 선정하여, 점진적으로 포괄보조 방식으로 전환하고 과감히 지방으로 이양하는 것도 긍정적으로 생각해 볼 일이다.

이렇게 해서 이양된 돈은 절대 공짜가 아니다. 권한이 이양된 만큼 반드시 책임이 따라야 한다. 지자체 현금성 복지사업의 분류체계를 마련하여 정확한 현황을 파악하고, 그 책임성 확보방안을 마련해야 할 것이다. 아울러 재정 운영의 투명성을 높여 지방보조금 통합 관리망을 통해 지방보조금의 교부·집행·정산 등 모든 과정을 시스템화하고, '부정수급 관여 계약업체' 등을 규정하여 관리를 강화하는 등 지방보조금에 대한 책임성을 한껏 높여야 한다. 한편 재정위기 지자체 지정과 관리 기준을 도입하고 지자체의 비효율적이고 무분별한 재정운영을 제재하는 등의 제도가 정비되어야 할 것이다.

지방의 곳간이 어느 정도 갖춰져야 한다. 지방재정이 확충되어야 지방분권도 균형발전도 가능하다. 무엇보다 지방이 목적과 용도를 결정하여 자주적으로 사용할 수 있는 재정재원을 확보하도록 하는, 지자체의 재정결정권을 점차 확대할 필요가 있다. 재정분권을 실현하고 지자체 특성에 맞게 돈이 쓰일 수 있도록 지자체에 권한과 책임을 부여해야 한다.

재정분권이야말로 진정한 지방자치 실현의 밑거름이다. 지역주민의 행복지수가 높아가고 삶의 질이 향상되는 최선의 길이기 때문이다.

('22. 5. 15 노트에서)

기회발전특구를 선점하라!

'17년 미국은 지역경제 활성화와 일자리창출을 위한 새로운 제도를 도입한다. OZ(Opportunity Zone)프로젝트다. 여기에 10년 이상 장기투자하는 법인이나 개인에겐 투자소득에 대해 양도소득세를 면제해준다. 그 결과, 사업 첫해에만 23조원의 민간자본을 유치했다. 현재 미국엔 8,700개 이상의 개별 OZ가 지정되있다.

영국은 Tech UK 사업으로 디지털 산업 성장을 위한 최적 환경을 조성했다. 규제프리존을 도입, 온라인으로 24시간 내 창업이 가능하도록 허가하고 창업생태계 클러스터 27개를 건설하여 '11년 이후 5년간 150만개 이상의 일자리를 창출했다.

윤석열정부는 OZ와 Teck UK에 상응하는 한국형 신성장 전략으로 기회발전특구(Opportunity & Development Zone)를 추진한다고 발표했다. 공적부문의 강제 이전에서 민간부문의 자연스런 이전으로 지역발전전략의 패러다임을 전환시키고, 기업과 자본이 성장의 핵이 되어 발전을 주도하자는 뜻이 담겨있다.

이 정책은 지자체가 자체 성장전략에 맞는 특구를 선정, 특화산업을 결정하고 투자자의 범위와 지원 사항을 스스로 책정한다. 그리고 인력양성계획과 정부규제 해제 요청 등 많은 부분을 스스로 디자인한다.

선정된 지자체에 대해선 기업의 지방이전과 지방투자 활성화를 위해 찾아오는 기업에게 전례 없는 세제 혜택을 준다. 투자요건을 충족하면 법인세를 일정 기간 완전면세와 경감세율을 적용하고, 양도소득세와 상속·증여세를 이연 또는 감면시켜준다. 중견·중소기업의 가업 승계 시 세제조건을 대폭 완화시켜준다. 해외진출기업이 국내복귀 시에도 세제혜택을 부여한다.

결국 수도권 기업이 이전할 수 있는 여건을 만들어 지역을 발전시키자는 전략이다. 그러나 조건이 있다. 특구로 지정되려면 지자체가 실력이 있어야 한다. 특구를 기획하고 운영·관리할 능력이 있어야 하고 평가에 따른 책임도 져야 한다. 지금까지 200여개 이상의 기존 특구는 대부분 국가에서 지정하고 배분했다. 그러나 기회발전특구는 지자체 스스로 만드는데 특징이 있다. 온전히 지자체 책임이다.

충청지역을 예를 들어보자. 대전광역시는 방위사업청 이전과 맞물려 대덕연구단지와 함께 과학·국방 특구를 만들어 봄직하다. 충청남도는 내포신도시와 당진을 연결하여 탄소중립 종합클러스터를 만드는 탄소시장·경제 특구를 고민할 법하다. 세종특별자치시는 신도시 특성을 살려 연구개발·교육 특구에 도전할 수 있겠다. 이들 기회발전특구가 채택되면 기본적으로 들어오는 기업에 대한 세제혜택이 적용된다. 상속세, 법인세, 양도소득세 등의 혜택이 주어진다. 지자체의 요청에 맞춰 각종 규제의 폐지 및 완화가 이루어진다. 주 52시간 노동시간 규제 등 기업 활동을 제약하는 규제도 포함되며 M&A 등을 제약하는 규제와 사내내학 능 필요한 인력의 양성을 방해하는 교육 관련 규제도 해제될 수 있다.

이 특구안은 전례 없는 세제혜택과 규제완화로 기업 이전이 활성화되고 지역균형발전에 효과를 높일 수 있는 실질적 방안이 될 수 있다. 산학연관 클러스터가 만들어지고 특구 내 기업, 지역 내 대학, 각종 연구기관과 자치단체 간의 협력이 강화됨으로써 글로벌 경쟁력이 강화될 수 있다. 기업과 연구기관 등에의 사내대학 설립으로 인력양성체계도 혁신할 수 있다.

그러나 기회발전특구는 중앙에서 공짜로 나눠주는 떡이 아니다. 지자체에서 떡을 만들 떡시루를 준비해야 한다. 지자체가 주도하여 기획하고 실행역량도 높여야 한다. 실패하더라도 도전해야 한다. 결국은 지역에 기업이 와야 하지 않겠는가? 방산이나 탄소, 교육관련 기업을 충청에 먼저 끌어와야 한다. 우리의 능력에 달려 있다.

(충청투데이 '22. 5. 12)

지방이 강해야 나라가 강해진다

코로나19 발 경제 위기를 이유로 정부는 기존의 리쇼어링(reshoring) 정책을 전면 전환했다. 리쇼어링 정책이란 해외에 나가 있는 자국 기업들을 각종 세제 혜택과 규제 완화를 통해 자국으로 불러들이는 것을 말한다. 그런데 과거엔 지방으로의 이전을 우대했지만 지금은 달라졌다. 국내 유턴기업을 수도권에 우선 배정하고, 지방 이전 시에만 주던 보조금을 수도권에도 지급 확대하기로 한 것이다. '수도권 중심주의로 회귀하는 것 아니냐?'는 지방의 볼멘소리가 높을 수밖에 없다.

더불어민주당 대표는 '18년 국회 연설에서 수도권의 122개 공공기관을 지방으로 추가 이전하겠다고 약속했다. 그 약속은 그해 총선 바로 직전 그의 말에도 이어졌다. 그는 "총선이 끝나는 대로 공공기관을 이전해서 국가균형발전이 이뤄지도록 당이 책임지고 나서겠다"고 재차 확약했다. 그랬던 그는 최근 말을 바꿨다. "2차 공공기관 이전은 임기가 얼마 남지 않아서 임기 내엔 안 된다"고 말했다. '균형발전은 결국 선거전략용 구호였는가?'라는 지방의 불만이 터져 나오고 있다.

　수도권 규제와 공공기관 지방 이진은 중앙과 지방간의 심각한 불균형 극복과 지방분권의 강화를 위한 가장 중요한 전제조건이었다. 그러나 "노무현정부보다 더 발전된 국가균형발전 정책을 더 강력하게 추진할 것"이라는 문재인 대통령의 '18년 2월 국가균형발전 비전과 전략선포식에서의 선언이 무색하게 정부의 지방정책은 전혀 반대로 가고 있다.

　서울·경기·인천을 합한 수도권 면적은 1만 1861㎢로 전(全) 국토의 11.8%밖에 안 된다. 그러나 이곳엔 대기업 본사 매출액 상위 100대 기업 중 86곳이 들어서 있다. 이미 전체 인구의 절반 이상이 수도권에 몰려있는 기형적인 상태이다. 그런데도 수도권 유입인구는 계속 늘어나고 있다. 올해만도 1월부터 4월까지 수도권에 순유입된 인구는 55,648명이라고 한다. 올해가 수도권 유입인구 역대 최대가 될 가능성이 높다는 전망도 나온다. 그런데도 정부와 여권은 수도권 집중을 위해 한 술 더 뜬다. 하반기에「수도권정비계획법」개정을 포함한 수도권 규제 완화를 더 세게 추진할 예정이라고 한다.

　말로만 지방분권의 표어는 역대 가장 무능했다는 20대 국회의 활동에도 그대로 나타난다. 균형발전과 지방분권을 다룬「지방자치법」전부개정안은 심의조차 하지 못한 채 21대 국회로 책임을 넘겨버렸고, 지방분권 관련 주요 법률안들은 제대로 논의조차 하지 못한 채 폐기되는 상황에 이르렀다.

　행정안전부와 자치분권위원회는 올해 초〈'19년 자치분권 시행

계획 이행상황 평가보고회〉를 열고 33개의 주요 자치분권 아젠다의 평가 결과를 발표했다. 그 내용은 국세와 지방세 구조조정 등 우수 12개, 중앙과 자치단체 간 사무 재배분, 자치경찰제 도입 등을 중심으로 보통 20개, 자치단체 형태 다양화 등 미흡 1개라는 결과이다. 과연 미흡 1개가 호성적일까? 자화자찬은 아닐까?

지역분권이 강화되기 위해선 무엇보다도 돈이 중요하다. 1단계 재정 분권으로 지방소비세율이 늘어났음에도 불구하고 국세 대비 지방세의 비율은 '16년 76.3% 대 23.7%에서 '19년 78.3% 대 21.7%로 오히려 지방세 비율은 감소했다. 이 격차는 줄어들어야 한다. 최소 70% 대 30%, 아니 그 이상으로 줄어들 수 있는 방안을 구현해야 제대로 된 지역분권을 위한 기반이 조성될 수 있다.

이번 정부 들어서 400건의 행정사무가 지역으로 이양되었다. 의미가 있는 일일 수 있으나 실제 속을 들여다보면 아직 멀었다. 실질적인 사무 이양을 위해선 돈, 조직, 사람이 제대로 이양되어야 한다. 그러나 형식적으론 넘어갔을지라도 법과 시행령을 통해 중앙권력이 지방을 행정통제할 수 있는 여지는 많다.

말의 성찬이 되어선 안 된다. 중앙과 지방이 동등한 입장에서 국가혁신이든 성장이든 균형감 있는 발전을 도모해야 한다. 말과는 다른 역주행이 눈에 보인다. 국가 발전은 중앙만 힘이 세지고 수도권만 강해진다고 되는 것이 아니다. 지방이 강해져야 대한민국이 강해지는 것이다.

인수위 지역균형발전특위에서는 해외진출기업의 국내 복귀 시 기업 지원을 강화하기로 했다. 특히 국외에서 경영하던 기업이 기회발전특구에서 창업을 하는 경우나 사업장 신설(증설)하는 경우엔 소득세와 법인세 감면을 적용하기로 했다. 지방이 강해지는 하나의 밀알이 되기를 기대한다.

(시사뉴스 '20. 6. 4)

균특예산,
특히 자율계정을 확대해야 한다

인수위 균형발전특별위원회 논의의 시작과 끝은 균특회계(균형발전특별회계)라 할 정도로 이 사안에 대한 관심은 뜨거웠다. 지방재정확충에 가장 중요한 문제이기 때문이다. 대통령 당선인 상견례 및 회의를 끝내고 진행된 특위의 1차 회의는 대통령직속 국가균형발전위원회의 업무보고로부터 시작되었다. 실무진 간의 검토 이후 균특회계에 대한 추가자료 요청으로 상정된 예산내용을 점검하며, 앞으로의 지방재정확충을 통한 재정분권의 강화방향은 결국 균특회계로부터 출발할 것임을 직감했다.

균특회계는 지역 간 불균형 해소와 함께, 지역 특성에 부합한 국가 균형발전을 위해 '05년 설치했고, 관련법상 기재부와 산업부가 공동 소관이나, 회계는 기재부가 관리한다. 지역의 일반적 개발사업이나 성장촉진지역 등 기반구축사업으로 지자체가 자율적으로 예산을 편성하는 자율계정과 권역 간 협력·투자 효율화를 위해 국가의 관리, 기능 조정이 필요하다는 명목으로 회계와 동일한 절차로 편성되는 지원계정으로 나뉜다.

균특회계의 규모는 처음 시작한 '05년의 5.4조원에서 '22년 10.9조원으로 약 2배 증액되었다. 그러나 문제는 문재인정부의 예산편성이 시작된 '18년의 9.9조원 대비해선 거의 늘어나지 않았다는 점이다. 그리고 자율계정 예산은 '05년 4.1조원, 특히 '18년 5.5조원 대비해선 '22년은 2.4조원로 대폭 줄었다. 반면 지원계정은 '05년 1.4조원, '18년 4.4조원 대비하여 '22년 8.5조원로 대폭 늘어났다. 결국 지자체가 자율적으로 편성하는 예산은 대폭 줄어들고, 중앙정부의 관여도가 높은 예산은 대폭 늘었으니 재정분권에 역행하는 결과로 볼 수밖에 없다.

기재부 등에선 균특회계 외에 실제 균특에서 지자체로 넘어간 지방이양사업이 '22년 4조원이 되니 이를 합하면 15.7조원 수준이고 예산효과는 매우 크다고 항변한다. 그간의 재정분권 과정에서 자율계정 사업이 대거 지자체 사무로 이양되어 포괄보조금 규모는 감소되었다는 주장이다. 그러나 균특회계의 자율계정사업으로 있든, 지방이양사업으로 있든 어쨌든 실제 지자체가 자율적으로 쓰는 돈은 거의 변함이 없고, 공모사업 등 중앙정부가 주도하는 돈은 대폭 늘었으니 균특예산이 15.7조원으로 대폭 늘었다는 항변은 적어도 재정분권 측면에선 설득력이 떨어진다.

결국 균특회계 투자 규모를 지속적으로 확대하고, 지역 자율사업, 즉 자율계정의 비중을 높이는 방향으로 나아가야 한다. 이러한 방향성에 대해선 주무부처인 기재부도 동감하는 분위기다. 먼저 국고보조사업 중 지역수요가 높고, 균형발전정책에 부합하는 일반회계·기금사업을 균특회계로 적극 전환하는 등 사업구성을 재편하려는 움직임이 보인다. 메가시티, 강소도시 육성 등 지자체간 연계하여 성장거점을 육성하는 신규사업을 중점 지원할 것을 약속한다.

무엇보다 지자체 자율편성 사업을 지속 확충하고, 전체대비 비중도 확대하는 것이 중요하다. 기존 공모로 지원 중인 사업 중에 지자체의 자율적 사업 추진이 적합한 사업이나, 현장에 밀착되어 지역산업 생태계·산업구조 전환에 기여할 수 있는 사업 등은 과감히 포괄보조 방식으로 전환해야 한다. 포괄보조 방식의 자율계정확대는 지방분권 강화를 위한 테스트베드 역할이라는 인식이 필요하다.

'22년 균특예산은 총지출 607.7조원 대비 1.8% 수준이다. 앞으로 지속적으로 늘려나가 명실상부한 지방시대를 재정적으로 뒷받침하는 것이 필요하다. 계량화된 목표치를 제시하고 싶었다. 그러나 협의결과 계량화된 수치를 제시하기엔 아직 이르다는 판단이다. 올해 만들어질 '23~'27년 국가균형발전 5개년계획에 담아야 할 숙제로 남긴다. 앞으로 지역균형발전 담당 조직에서 반드시 해야 할 일이다.

('22. 5. 24 노트에서)

예타제도, 현실에 맞게 고쳐야 한다

　지자체가 대형 사업을 추진하는 데 있어서 넘어야 할 벽이 있다. 예비타당성 조사(이하 예타)이다. 지자체가 돈이 없고, 결국은 국가의 돈을 끌어와 집행해야 하는데 당연히 중앙정부에서 그 사업이 필요한지 경제성은 있는지 그 타당성을 사전에 평가하는 것, 그 자체는 바람직한 일이다.

　우리나라는 '99년부터 대규모 신규 재정사업에 대해서 예타를 운영하고 있다. 총사업비 500억원 이상, 그리고 국비 300억원 이상인 SOC·건축 등 건설사업과 정보화·R&D 분야 신규사업을 대상으로 한다. R&D사업은 '18년부터 과기부에서 위탁 수행하고 있다. 처음에는 경제성만 평가하다가, '03년부터 정책성을, '06년부턴 지역균형발전을 추가로 평가해서 현재는 3가지 척도로 평가하고 종합평가 결과가 일정치를 넘어야(AHP 0.5 이상) 타당성을 확보할 수 있다.

　예타제도는 '19년에 한번 개선작업을 했다. 수도권과 비수도권 사업에 대한 평가체계를 이원화해서 지역균형발전 가중치는 5%p를 높이는 반면 경제성 가중치는 5%p 낮췄다. 비수도권 지역낙후도 평가방식을 가·감점제에서 가점제로 개선했다. 광역자치단체의 경우 평가에서 감점을 없앤 것이다. 그러나 가장 중요한 사안은 손을 대지 못했다. 예타제도 운영에서 가장 개선 요청 목소리가 높았던 평가대상 사업규모와 평가기간문제 말이다.

SOC사업의 예타 대상 기준금액을 총사업비 500억원에서 1,000억원(국비 300억원→500억원)로 상향조정해야 한다는 요청이 높다. 평가부서인 기재부에서 모두 맡아 진행하다 보니 다른 부처의 자율적 사업추진 범위를 지나치게 제한한다는 지적도 많다. 예타제도와 유사한 제도를 도입하고 있는 미국과 일본 등에서도 예산담당 부처는 관리지침만 내리고 평가는 각 부처에서 진행한다. 우리의 경우도 일정기준을 갖고 각 부처에서 평가하는 방식으로 개선할 필요가 있다.

또한 예타 수행에 평균 1년 이상 소요되어 긴급한 경제·사회상황의 대응을 위한 사업 추진을 저해한다는 지적이 많다. 지역균형발전 등 국가정책적 추진 필요사업 중 시급성이 인정되는 사업에 대해서는 일정 요건 하에 신속예타절차의 적용이 필요하다. 그밖에 메가시티 협력구조에 따른 지역의 경제·사회적 파급효과 등을 예타에 반영 추진하는 등 지역균형발전 평가를 개선하는 것도 필요하다.

예타는 제도 도입 당시 재정투입의 적절한 시기 결정과 사업시행의 필요성, 그리고 수요와 비용 등을 모두 종합적으로 검토함으로써 자원의 효율적 사용을 위한 기준을 삼고자 시행되었다. 그러나 시간이 지남에 따라 사업 시행 여부 자체를 결정하는 사업판결문로 변질된 감이 없지 않다. 이로 인해 기재부의 권한이 지나치게 비대해졌다는 평가, 지역균형발전의 걸림돌이 되고 있다는 지적을 받고 있다. 여기에 더하여 '18년 들어서 국토사업에 에타면세 목소리가 커지고 실제 이를 중앙정부 입장으로 받아들여주는 사례가 빈번해지면서 예타의 희소성과 의미가 흐트러지는 문제도 발생하였다.

국고낭비 요인의 제거와 자원의 효율적 배분이라는 측면에서 예타는 반드시 필요하다. 다만 기본 취지를 제대로 살리고, 지금의 경제수준에 맞추는 한편, 각계의 개선의견을 수렴하여 현실화할 필요가 있다. 무엇보다 지역발전이 국가발전이다. 국가발전에 복무하는 예타가 되기를 희망한다.

('22. 5. 25 노트에서)

3

지방시대 미리보기

2. 지방이 스스로 주도하라

지방자치는 민주주의의 학교

지방분권은 중앙정부에 집중된 권한을 지방정부와 나누고, 그 권한을 지방 스스로 결정하는 것을 말한다. 그러나 국가사무와 지방사무 비율은 7대 3 수준으로 국가사무가 압도적으로 많고 게다가 지방정부는 중앙정부가 위임한 기관위임사무, 단체위임사무를 처리하고 있다. 재정 역시 국세와 지방세의 비율이 8대 2 수준으로 지방세 비율이 현저히 낮은 반면, 세출비중은 4대 6 수준으로 지방의 지출비용이 훨씬 많아 중앙정부에의 의존도가 매우 높은 현실이다. 입법이나 조직 측면에서도 지방의 자율권은 사실상 제한되어 있고, 구성원들의 주민자치 활동 또한 저조한 상황이다.

과도한 중앙정부 주도는 지방주민의 다양하고 개별적인 행정수요에 제대로 대응하지 못하고, 지방의 자율적·창의적 발전을 저해한다. 지방분권을 통해 지역의 경쟁력을 키워나가고 시민들에게 지역특성에 맞는 신속하고 질 높은 서비스를 제공해야 한다. 지역이 주도하는 진정한 균형발전시대를 열기 위해선 지방분권이 절대 중요하다. 이런 차원에서 인수위 균형발전특위는 〈자율성 및 책임성에 입각한 지방자치제도 개선 및 지방정부 권한 확대〉라는 주제로 지방분권을 제1국정과제로 선정했다.

우선 기본으로 돌아가 국가-광역자치단체-기초자치단체간의 기능을 보충성 원칙에 따라 재배분하고 규제·통제위주의 관계에서 지원·협력위주의 관계로 전환할 것을 천명했다. 독일의 넬-브로이닝(Nell-Breuning)신부(神父)는 보충성의 원칙은 정의의 원칙이자 효율성의 원칙이라 말했다. 즉 공동체는 개인이 처리할 수 없는 경우에만 개입해야 하고, 개인이 처리할 수 있는 일에 개입해서는 안 되며, 상위공동체는 하위공동체가 처리할 수 없는 경우에만 개입해야 하며, 하위 공동체가 처리할 수 있는 일에 개입해서는 안 된다는 원칙이다. 이 원칙에 따르면 기초자치단체가 수행할 수 있는 사무는 기초자치단체에게 배분되어야 하고, 광역자치단체인 시·도에는 기초자치단체가 수행할 수 없는 사무만 배분되고, 국가에는 광역자치단체가 수행할 수 없는 사무만 배분되어야 한다. 이러한 기능 조정은 정의를 위해, 행정 효율화를 위해 지속적으로 이어져야 할 국가적 과제이다.

자치권을 강화하기 위해 지자체의 입법권, 재정권, 조직권, 인사권, 행정권, 계획권 등을 제한하는 관련법을 개정해야 한다. 재정능력 제고를 위해 국세와 지방세를 재조정하고 지방정부의 재정자율성을 강화해야 하며, 지방의 특성에 따라 사무추진을 효율적으로 할 수 있도록 자치조직과 인사권을 제약하는 법령을 개정해야 한다. 또한 발전계획이나 공간형성 등에 대한 자율권과 자기책임성을 선진국 수준으로 보장하기 위해 지자체의 자치계획권을 제약하는 관련

법령을 개정해야 한다.

　지역 특성에 맞도록 기관구성을 자율적으로 선택하게 하여 경쟁력을 높이는 방안을 세종특별자치시 등 일부 지자체에 시범 추진하는 것이 바람직하다. 지방의회의 자율권도 확대되어야 한다. 조직·인사 자율권 부여를 통해 지방의정 역량을 강화시켜야 하며 주민참여와 정보공표를 통해 인사의 공정성도 확보되어야 한다. 다분히 관변화된 주민자치위원회 등을 자율적인 순수 민간 활동으로 전환하고, 주민의 존재감과 행복지수, 공동체 책임감을 제고하기 위해서 읍·면·동 수준의 풀뿌리자치에 대한 선진국 수준의 자치모델을 강구할 만하다. 국가경찰로부터 이원화된 자치경찰제를 통해 시·도 소속의 자치경찰이 자치경찰사무를 집행하고, 시·도지사가 지휘권과 인사권을 행사되어야 한다.

　영국의 제임스 브라이스(J. Bryce)경(卿)은 "지방자치는 민주주의의 학교인 동시에 그 성공을 보장받을 수 있는 가장 확실한 제도"라고 말했다. 모든 것들을 급작스럽게 할 수는 없다. 국회에서 논의되어야 할 것들도 많다. 그러나 가야 할 길이다. 지방자치를 담은 우리의 민주주의, 이젠 본격적으로 시작해야 되지 않겠는가?

(충청투데이 '22. 5. 23)

교육부 교육독점의 종말

'18년 OECD 조사 결과, 우리나라 선생님들은 주당 평균 5.4시간을 행정업무에 사용한다고 한다. OECD 평균은 주당 2.7시간이다. 또한 '20년 어느 교육단체에 의하면 우리나라 초중고 학교에서 1년에 주고받는 공문이 평균 1만 건이 넘는다고 한다. 우리나라 학교는 어쩌면 '교육 공간'이라기보다는 교육부를 중심으로 전개되는 '교육행정시스템의 최말단 기관'이라 해도 과언이 아니다.

교육부가 학교교육을 독점하고 있다. 교육과정과 교과서 검정제도를 통해 교육콘텐츠를 움켜쥐고 있다. 대학입시 전형제도를 통해 인재양성의 기본 틀을 장악하고 있다. 교육감, 교장 등에 대한 직간접적 통제로 교육현장을 지배하고 있다. 우리나라 학교교육의 기획자이자 주인공은 교육부이다. 잘 짜인 거대한 독점구조 속에서 학생, 학부모, 교사는 모두 엑스트라나 방관자로 전락하고 만다.

윤석열 대통령은 취임사에서 자유를 강조하며 "모두가 보편적 가치인 자유 시민이 되어야 한다"고 피력했다. 그런데 우리의 교육에 자유는 있는가? 교육 콘텐츠와 인재양성의 틀과 교육의 리더는 과연 자유로운가? 자유시민이 되려면 교육이 자유로워야 한다. 교육부 독점의 구조를 깨야 한다.

인수위 지역균형발전특별위원회는 4월말 국정과제로 교육 자율성 확대를 위한 교육자유특구를 시범 운영한다고 발표했다. 학생선발, 교과과정, 교수방식 등에 다양성을 지닌 학교유형이 가능하도록 교육규제를 대폭 풀어주고, 아래로부터 교육혁신을 촉진하자는 취지다. 교육수요자에게 선택자유를 확대하고, 교육공급자 간의 경쟁으로 다양한 형태의 명문학교가 지방에 출현케 하여 수도권으로 몰려드는 교육수요를 전환하는 한편, 시대현상과 괴리되는 교육지표의 개선과 인공지능, 메타버스, 블록체인 등 4차산업혁명 시대에 부응하는 초·중·고의 체질을 개선하려는 목적이 담겨있다.

특히나 대안학교에의 접근장벽을 대폭 줄인 것이 눈에 띈다. 발도르프슐레(Waldorfschule) 등 대안교육이 늘어나면서 학생·학부모의 교육만족도가 높아지고 있으나 비싼 학비로 인해 저소득층 자녀의 교육기회는 차단되었던 것이 사실이다. 국·공립학교 1인당 표준교육비를 기준으로 이에 상응하는 교육바우처를 대안교육 수요자에게 지급하여 학부모의 수업료 부담을 경감시키는 방안이나, 학부모의 재산과 수입에 상응하도록 학비를 차등화하는 방안도 있을 수 있다. 학교 재정과 행정 정보를 의무적으로 공표하여 교육 수요자에게 선택기준 등을 제공하거나 학교에 대한 획일적 규제와 평가를 개선하는것도 검토한다.

무엇보다 학부모·기업·연구소 등이 다양한 학교를 설립·운영할 수 있도록 자율화하고, 인적·물적 설비, 교원, 교과과정의 운영 등에 관한 불합리한 규제를 폐지·완화하여 다양한 교육수요에 부응하는 시범지구를 도입할 계획이다.

이대로라면 세종특별자치시는 교육자유특구를 시범운영하는 최적지로 꼽힐 수 있다. 아직도 많은 공무원들이 자녀교육을 위해 집을 수도권에 두고 주말에 귀경하는 현실이다. 교육여건이 충족된다면 굳이 그럴 필요가 없다. 세종 등에서 시범적으로 운영한 후, 성과를 평가해서 전국적으로 자연스럽게 확대해 나가는 전략이 필요하다.

교육부의 획일적, 독점적 교육에 맞서 교육수요자들이 중심이 되어 다양한 자율적 교육을 만들어가야 한다. 많은 전문가들이 한국교육의 미래로 벤치마킹하는 핀란드 학교가 1년에 처리하는 공문은 평균 5건이라고 한다. 교사들의 행정업무 부담이 과도하니까 학급당 교사 수를 늘리자고 주장하는 교육부 관리도 있다고 한다. 관리가 아니라 창의의 시대이다. 학생들의 호기심, 교사의 열정, 학부모의 지지를 끌어낼 효율성 있는 정책이 필요할 때다.

더 이상 교육부에 집중된 일극적(一極的) 독점이어선 안 된다. 지방으로, 학교·교사·공동체로 분산되어야 한다.

(충청투데이 '22. 5. 13)

공공기관 이전,
지자체가 할 일이 많다

"공공기관 지방 이전은 범위나 시기 문제가 있으나 추진하긴 할 것이다. 공공기관 이전작업에 관여해 봐서 아는데 지금까지 스스로 가겠다는 데는 한 곳도 없었다. 정부의 드라이브에 시·도 등 지방 정부의 유인책, 설득이 어우러져야 가는 것이다" 김병준 전 인수위 지역균형발전특위 위원장의 말이다.

지역보고대회를 다니니 가장 관심 높은 지역현안 중의 하나가 공공기관 이전이다. 선거공약 중엔 공공기관 이전만큼 눈에 보이는 약속은 없다. 그러나 선거가 끝나면 약속 이행 여부가 궁금해진다. 과연 정말 오는 것인지, 아니면 말 뿐인 것인지? 부산엔 산업은행이 진짜 가는 것인지? 대전엔 방위사업청이 내려가는 것인지? 충남 논산에 육군사관학교는 오는 것인지? 대형 SOC만큼이나 공공기관 이전은 지역의 초미의 관심거리이다. 그만큼 지역이 힘들다는 방증이다. 뭔가 계기가 있어야 지역이 숨통이 트이는데 가뭄에 단비와 같은 것이 지역엔 공공기관 이전이 아닌가 싶다.

김위원장 말대로 공공기관 이전은 하긴 할 것으로 예견된다. 다만 공약으로 발표된 공공기관과 발표되지 않은 기관이 있을 수 있다. 적어도 대통령 공약으로 발표된 것은 이미 어느 정도의 계산은 있었기에 공식화한 것일 가능성이 높다. 다만 대통령의 "지자체 스스로도 공공기관의 이전이 제대로 되게 하기 위해선 이전 대상 기관에 대해 지자체를 세일즈해야 한다"라는 말이 중요할 듯싶다. 김위원장이 말한 지방정부의 유인책과 설득은 이 세일즈의 방법론이 될 것이다.

이렇게 공공기관 이전은 중앙정부에게만 맡길 일이 아니다. 적극적으로 상대 지자체와 대상 공공기관과 그리고 직원과 노조 등 이해관계자 간 합의를 도출해내야 하고 기관과 이주 직원에 대한 지원방안을 마련하는 등의 적극적 설득을 해나가야 한다. 이런 노력이 없다면 공공기관을 받을 만한 자격이 사실 없는 것이나 마찬가지다.

또 다른 노력도 필요하다. 공공기관 이전과 함께 혁신도시로 지정된 몇 도시를 가보면 느끼는 공통된 현상이 있다. 물론 대부분 조성된 지 얼마 안 되었기에 그럴 순 있겠지만 썰렁하고 황량하다. 정주환경에 상당히 문제가 있다. 혁신도시는 공공기관을 수용하여 기업과 대학, 공공기관이 서로 긴밀하게 협력하는 혁신여건과 함께 수준 높은 주거·교육·문화 등의 정주여건을 갖춘 도시를 미래형 도시를 말한다. 그러나 예산문제도 있겠지만 후자인 정주환경엔 전혀 관심이 없어 보이는 듯하다. 정주환경 역시 중앙정부의 손길을 기다려야 하는 건지 모르겠다.

지자체는 이렇게 사전에 공공기관을 유치하려는 노력과 함께 사후에도 공공기관과 연계하여 혁신생태계와 함께 정주여건을 높이려는 노력을 전개해야 한다.

공공기관 이전이 단지 이전만이 아니라 지역 활성화를 통해 균형발전 동력을 창출하는 계기가 되어야 한다. 지역의 특화발전을 지원하고 산·학·연 클러스터를 만들어 활성화시킬 수 있어야 한다. 문화·보육·주민커뮤니티 기능이 결합된 복합혁신센터와 가족동반 이주 촉진을 위한 어린이·가족 특화시설, 쇼핑시설 등을 건립하여 정주여건도 구축해야 한다.

지자체도 역할을 다해야 한다. 그래야 공공기관 이전의 의미가 있는 것이다. 감 떨어지기만을 기다려선 안 된다.

('22. 5. 27 노트에서)

메가시티에 담아야 할 가치

　우리나라와 같은 중앙집권제 국가에 비해 연방제를 채택하는 국가가 균형발전 측면에선 긍정적이라는 이야기가 있다. 중앙집권 국가는 권력의 중심이 위에 놓여 있기에 수도권 중심으로 발전할 수밖에 없고, 상대적으로 연방제 국가는 의사결정 등이 아래인 비수도권에 퍼져 있어 지역특성에 맞는 발전전략을 취할 수 있기 때문일 것이다.

　최근 부·울·경 특별연합이 출범하면서 메가시티에 대한 관심이 뜨겁다. 이는 부산·울산·창원·진주를 거점도시로 주변 중소도시와 인근지역을 같은 경제권과 생활권 단위로 연계, 발전시킬 목적으로 추진되었다. 아울러 충청권, 대구·경북권, 호남권 역시 빠른 보폭으로 메가시티를 추진하고 있다. 인수위 지역균형발전특위는 15개 국정과제 중의 하나로 지자체간 협력기반의 초광역지역정부, 즉 메가시티의 설치·운영을 선정했다.

　전 세계적으로도 메가시티는 확산되고 있는 추세다. 2개 이상의 거대도시가 생활·경제 등이 기능적으로 연계된 인구 1천만 명 이상 (우리나라는 인구 5백만명)의 광역지역을 말하는 메가시티는 전 세계 적으로 '18년 33개에서 '30년 43개로 늘어날 것이라고 UN은 예상했 다. 대도시 쏠림현상의 극복방안으로 만들어진 일본의 간사이광역 연합, 프랑스의 메트로폴, 영국의 맨체스터 지방연합은 주목받는 메가시티다. 물론 수도권의 대응도 만만치 않다. 영국은 런던권 개발 에 국가사업의 최우선순위를 부여하는 대(大)런던플랜을, 프랑스는 파리와 주변 주를 통합하여 수도권을 만드는 그랑프리 프로젝트를 발표했다.

우리나라 메가시티 추진은 과거 국가균형발전 차원에서 중앙정 부의 큰 그림으로 진행된 것과는 달리, 지역 스스로가 살아남기 위 한 전략적 판단으로 아래로부터 자연스럽게 그 바람이 조성되고 있 다. 그 바람은 아주 절박하다. 수도권과 비수도권의 양극화는 심화 되고 있다. 수도권 생활의 풍요와 산업의 발전 속도에 비해 아무리 공공기관을 이전하고 도로를 확충해도 그 격차는 더욱 벌어지고 있 다. 지방의 대학은 벚꽃 피는 순서로 없어지고 지역인재는 수도권으 로 떠난다. 이런 상태라면 뭉치는 방법밖에 없다. 광역권 연계를 통 해 규모를 키우고, 혁신 인재를 모아 또 다른 대도시권을 만드는 수 밖에 없다.

메가시티에 대해 다른 권역에서도 활발한 논의가 진행되고 있다. 내가 사는 대전 역시 '25년 이후 행정구역통합을 로드맵으로 하는 계획을 공개했다. 그 구체적인 내용보다 나는 메가시티에 담아야 할 세 가지 의미를 말하고 싶다.

먼저 지자체 간의 협력이 중요한 모토다. 그러나 지자체들 간의 입장이 다른 일이 비일비재하다. 때론 중앙정부 공모사업에 경쟁자로 나선다. 정치적 편차가 문제일 때도 있다. 작은 이익을 비교하는 데 치우치지 말고 대의를 보고 굵직한 일의 성사를 위해 뭉쳐야 한다. 우선은 함께 이루는 성공사례를 만드는 데에 신경 써야 한다.

둘째는 실리다. 지역주의에 매몰되어선 안 된다. 전북을 방문했을 때다. 전북은 호남권 메가시티에 대한 거부감이 크다. 광주·전남에 비해 차별 받는다고 호소하며 차라리 충청도와의 메가시티를 선호한다는 이야기도 전해진다. 메가시티는 지리적 보다는 기능적 연합의 측면이 강하다. 지역 특성에 맞는, 지역 이익에 부합하는 파트너와의 기능적 결합이 중요해진 시대다.

셋째는 분권이다. 명실상부한 메가시티가 조성되려면 지자체의 자율성과 책임성 확보가 중요하다. 중앙정부는 지방재정권과 함께 지방법률제정권, 지역계획권, 산업경제·교통·환경·안전 기능 등을 지자체에 이양하고 이를 토대로 지자체는 자율적 판단으로 메가시티로서의 협업구조를 강화해 나가야 한다. 아울러 광역자치단체의 과도한 간섭으로부터 시·군·구 기초자치행정의 자율성 또한 제고되어야 한다.

협력도, 실리도, 분권도 결국은 절박감이다. 메가시티는 절박한 함성이 될 것인가?

(충청투데이 '22. 5. 19)

문화가 지역의 활력을 불 지핀다

　　지난 대선 때 광주쇼핑몰 유치가 핫이슈로 부각된 적이 있다. 지자체의 쇼핑몰 문제가 중앙언론에 크게 대선쟁점으로 논란이 된 것은 드문 일이다. 사람에 따라 이 이슈에 대한 관점은 다를 수 있다. 소상공인이나 시장상인의 생계의 문제로 비판적으로 볼 수 있고, 정치적 표 계산의 문제를 따질 수도 있다. 그러나 광주쇼핑몰 유치 이슈는 문화의 문제, 즉 지역에서의 문화 결핍의 문제로 볼 수 있으며 나 또한 이 관점에 동감한다. 특히 젊은 세대는 문화의 문제로 인식하는 경향이 강하다.

　　실제 광주지역의 30대 이하 세대는 복합쇼핑몰 유치에 대해 75% 이상이 찬성했다고 한다. 이들은 복합쇼핑몰을 단지 쇼핑의 공간으로 인식하는 것이 아니라 문화공간으로 인식하는 것이다. 광주의 젊은 층은 수도권이나 다른 광역시에는 있는데 광주에 없는 것은 문화 격차 또는 문화 결핍의 문제이며 기회의 불공정성으로 인식하는 것이다. 특히 청년들이 지역을 떠나는 현상은 주로 사회·문화 인프라의 결핍이 크게 작용한다.

삶의 질 증진과 탈지역현상을 벗어나 지역공동체를 회복하기 위해서 지역의 기초 사회·문화 인프라가 구축되어야 한다. 이런 차원에서 인수위 지역균형발전특위는 우선적으로 국민 기본권으로의 문화권과 지역주민의 삶의 질 보장, 지역 격차 최소화를 위해 지역의 '기초 사회·문화 인프라'개념을 정립하기로 하고, 인구 수 및 인구집적 분포를 고려하여 인프라 구성의 수준과 범주를 정하는 방안을 제안했다. 또한 문화·복지·의료·교통 등 사회·문화 서비스의 국가최저기준을 마련하여, 낙후 지역도 일정 수준 이상의 접근성을 확보하도록 했다. 국가최저기준에 미달하는 취약지역은 생활문화 인프라와 관련된 각종 정부지원사업을 우선적으로 배정할 것을 제안했다.

또한 지역 고유의 특화된 문화·체육·관광 인프라 조성과 활력제고를 위해 법과 제도를 정비하고 아래로부터의 상향식 문화성책사업을 촉진하기로 했다. 현재의 문화정책은 기본적으로 '지역문화진흥기본계획 → 시·도 시행계획 → 시·군·구 시행계획'의 하향식 구조를 지니고 있다. 주로 공모제 방식의 하향식을 최소화하고 상향식 문화정책사업 추진을 위한 체계 개편이 필요하다. 특히 현행 공모 방식의 '문화도시'사업은 지역 스스로가 고유의 특화된 문화생태계를 조성하고 활력을 제고할 수 있도록 상향식 정책사업으로 개편되어야 한다.

아울러 디지털·친환경 등으로 지역 문화기반시설의 전환과 함께 유휴공간의 문화 재생활용 등 미래형 문화 인프라도 조성되어야 한다. 지역 문화재 복원 및 문화유산 관리 기반을 조성하고, 지역 문화재의 관광 사업화는 물론 지역관광의 글로벌화를 유도해 나가야 한다. 주요 관광지, 우수 경관지역 등에 관광·조망거점을 조성하고 지역 간의 연계·협력을 통해 권역별로 테마형 관광벨트를 구축하는 방안도 검토해야 한다. 아울러 미래형 스마트관광 기술의 고도화를 지원하여 관광자원과 ICT 기술의 융·복합과 비대면 관광기반을 조성하는 등 관광플랫폼을 구축해야 한다. 지역 스포츠 콤플렉스를 조성하고 생활체육시설 지원을 확대하여 지역 스포츠의 활력도 제고되어야 한다.

지역 청년의 문화인력 성장 프로세스를 마련하여 문화기획자를 양성하고 지역 문화자원을 활용한 문화 창작과 창업을 지원해야 한다. 로컬 이노베이터(창업가, 기업가), 로컬 크리에이터(소상공인)가 지역의 문화를 바꿔 나가고, 청년인재 유입을 위한 스타트업이 많아져야 한다. 나아가 도시재생이나 특화사업과 융합된 지역별 특화 콘텐츠 타운도 적극적으로 조성되어야 할 것이다. 문화가 지역의 사람을 키우고 일자리를 만들어야 한다. 그리고 지역에 활력을 불어넣어야 한다.

('22. 5. 28 노트에서)

지자체가 주도하는 행정이 되려면

　　지자체가 주도하는 정책의 성공적인 실현을 위해선 그 무엇보다 지자체 자체의 정책기획 역량이 증대되어야 한다. 이번 인수위 지역균형발전특위에서 첫 선을 보이는 기회발전특구는 지역선정 및 특화산업의 결정에서부터 인력양성계획과 정부 규제 해제 요청 사안 등의 기본구조에 대해서 지자체 스스로 디자인을 해야 한다는 점이 특징이다. 지자체의 기획력이 절대적으로 필요한 것이다.

　　기존 방식대로라면 지자체는 중앙정부에서 법령이나 지침으로 마련한 것을 집행하는 역할에 그치는 경우가 많았다. 기획이라 하더라도 대부분 중앙정부에서 기획하고 이를 지자체에 뿌려 공모참여를 유도한 것에 대해 맞춤형으로 대응하는 수동적 기획이 대부분이었다. 이젠 지자체가 단순 집행기관 또는 소극적 역할 수행의 입장에서 벗어나 창의적·혁신적 정책 활동을 수행하는, 기획과 경영의 공간으로 거듭나야 한다. 특히나 지식정보사회에선 국가와 국가가 경쟁하는 것이 아니다. 지역과 지역이 국경을 넘어 경쟁하는 시대다.

이런 측면을 감안하여 지역균형발전특위는 중앙정부의 역할로서 지방에 대한 규제 중심에서 지자체의 자율성을 훼손하지 않는 범위 내에서 지원과 조언으로 방향을 전환할 것을 권고했다. 지자체 요청 시 중앙부처나 국책연구기관 등이 정책수립에서 집행까지 사전 컨설팅을 통해 법률적, 전문적, 행정적 역량을 보완해 주는 방식이 있을 것이다.

인적 역량 제고를 위해선 규제도 완화되어야 한다. 기획·경영 분야의 뛰어난 외부 전문가를 채용하여 성과를 낼 수 있도록 해야 한다. 그러기 위해선 이들 개방직 공무원의 임용 요건, 특히 보수와 활동 여건, 처우 등에 대한 조정이 불가피하다. 지자체의 재량권 확대를 위한 규제 완화가 필요한 대목이다. 또한 정책 수립 경험과 역량을 갖춘 인사를 대상으로 중앙정부-지방정부-기업 간의 인사교류도 필요할 수 있다. 정책역량 강화를 위해 지자체 내에 연구기관을 운영하거나 중앙정부 내 연구기관과 지역 연구기관, 대학교 간 교류와 공동연구를 통한 연계도 활발히 진행되어야 한다.

또한 공무원의 적극적·창의적 활동을 위축시키는 직무감찰제도에 대한 개선 의견이 높다. 감사원의 감사는 회계감사 중심으로 실시하고, 자치사무 수행에 대한 직무감찰은 지자체 자체감사를 통해 자기책임성을 높이는 방안으로 전환해야 한다는 의견을 지역균형발전특위는 과제로 제시했다.

지자체의 주도적 역량 발휘와 이를 위한 권한 확대만큼이나 강조되어야 할 것은 지자체의 책임성 강화다. 권한과 책임은 서로 비례관계여야 한다. 그러나 아직 책임성을 제도적으로 갖추기 위한 장치는 미비한 실정이다. 주민의 직접 참여가 필요하기도 하나 현행 주민투표법은 지자체가 결정한 사안에 대해 주민 표결 등의 방안이 존재하지 않아 주민이 지방행정을 통제하기가 곤란하다. 지방의회의 입법기능과 행정 통제기능을 제고하기 위한 방안도 검토되어야 한다. 지방감사기관이 자치단체장으로부터의 독립성이 약하여 감사기능 또한 저하된 것이 사실이다. 물론 그 이전에 우선은 지자체 스스로 엄격한 도덕성과 책임성이 요구된다. 한걸음에 갈 수는 없다. 하나하나 만들어 나가자.

('22. 5. 29 노트에서)

4

지방시대 미리보기

3. 혁신으로 일자리 창출

금융을 잡아라!

　실리콘밸리는 미국 첨단산업, 특히 IT 산업과 벤처기업들의 요람이다. 1939년 휴렛패커드가 이 곳에서 창업된 이래 수많은 벤처기업들이 명멸해 갔고, IT 및 각종 첨단기술을 다루는 수많은 기업들과 연구소가 여기에 터를 잡고 있다.

　많은 도시가 제2의 실리콘밸리를 꿈꾼다. 실리콘밸리의 성공배경엔 우수한 인재들의 역할이 컸다. 특히 스탠퍼드대학교. 실제로 실리콘밸리 대부분의 IT기업들은 스탠퍼드대학교 출신들이 창업했다. 또 하나 중요한 게 있다. 실리콘밸리은행그룹이다. 그룹은 자회사로 은행(Bank), 자산운용(Capital), 자산운용자문(Analytics)을 두어 벤처기업, 벤처캐피탈(VC)/사모펀드(PE)를 주고객으로 금융서비스를 제공한다. 금융그룹-기업-VC/PE는 3각 협업관계를 이뤄 기업의 성장단계별 차별화된 금융서비스를 통해 공생한다. 대전충청을 예로 들어본다.

　대덕연구단지와 오송산업단지를 주축으로 대전·충청권은 대한민국 과학기술의 핵이다. 인근엔 카이스트 등 인재 양성 교육기관도 많다. 그러나 실리콘밸리와 비교해 없는 게 있다. 바로 금융이다. R&D성과가 기술사업화와 창업으로 이어지기 위해선 벤처투자 등 금융역할이 절대적이다. 창업을 해도 벤처기업의 성장기간은 10년 이상인데 반해 기존 벤처펀드는 대부분 7~8년 정도 존속함으로써 사이클이 맞지 않는다. 후속투자자를 탐색하고, M&A 압력을 견뎌야 하고, 조기 기업공개에 지장이 크다. 사람과 기술만 있는 벤처기업 에 큰 부담으로 작용한다.

윤석열 대통령은 당선인 시절에 대전을 방문, "향후 충청권 미래 산업 육성과 대규모 기업 지원을 위해서는 특수은행 형태의 기업금 융 중심 지역은행이 필요하다"는 뜻을 피력하며 "이를 위해 산업은 행과 수출입은행 등이 약 10조원을 출자하는 방안을 검토하고 있다" 라고 말했다. 특히 "기업금융 중심 지역은행은 신산업·신기술 자금 조달과 중개 운용 등 벤처투자를 주요 기능으로 지방은행 기능을 병 행하는 것"이라고 방향성도 제시했다.

윤대통령은 대통령선거 경선 때엔 대전에 본사를 둔 지역은행설 립을 약속했었다. IMF위기로 문을 닫은 지역 기반 충청은행을 연상 케 하는 공약이었다. 그러나 일반 지방은행은 초기 자본금으로 필요 한 최소 금액 3천억원 구성을 위한 출자자 모집부터, 지방은행 설립 시 지자체의 출자 규모 제한(현행 15%)을 푸는 문제까지 간단한 문제 가 아니다. 특히나 최근의 금융환경 등 시대 흐름에 맞지 않는다는 지적도 있다. 지역은행은 적극적인 신산업·신기술 투자와 육성을 전담하는 정책금융기관으로 실리콘밸리 성장의 주역인 벤처투자은

행 방식으로 추진되어야 한다.

　최근 발표된 인수위 지역균형발전특위의 국정과제를 보면 지역 금융 관련하여 대전충청권에서 주시해야 할 것이 또 있다. 소상공인 지원 전용 채권을 발행하는 방안이 그것이다. 지역의 소상공인에 대한 정책금융 재원 마련을 위해 현행 소상공인기금 재원 항목으로 소상공인진흥채권(가칭)을 명시하고, 법 개정으로 채권 발행에 관한 주요사항(한도, 소멸시효 등)의 근거를 마련하자는 방안이다. 여기엔 소상공인의 신용에 따른 맞춤형 금융지원이 가능하도록 관련 행정기관의 금융역량개선이 수반되어야 한다. 이를 위해선 금융과 사업부문의 분리, 전문인력 채용, 기존 인력의 재교육 등 임직원의 역량기준도 맞춰야 한다. 이는 곧 현재 대전에 있는 소상공인시장진흥공단이 금융기구의 역할도 수행하는 새로운 위상으로 거듭나게 됨을 의미한다.

　이대로라면 대전·충청권에 벤처기업 대상의 기업금융과 소상공인대상의 금융지원기관, 두 축이 만들어지게 된다. 이런 금융관련 논의를 선거기간과 인수위 활동 기간 동안 계속 관계하고 지켜보면서, 나는 지자체와 지역민의 의지가 가장 중요하다는 것을 확인했다. 반드시 금융을 잡아야 한다.

(충청투데이 '22. 5. 16)

로컬크리에이터기 골목을 바꾼나

　'리단길'이 있다. 인천부평의 평리단길, 경주의 황리단길, 부산해운대의 해리단길, 광주동명의 동리단길, 전주의 객리단길 등 전국 각지에 리단길이 있다. 리단길의 시초는 서울 한남동의 경리단길이다. 이태원과 가까우면서도 임대료가 싼 주택가로서, 가게들이 모여들면서 형성된 거리다. 홍대 근처의 연리단길이나 망리난길도 비슷하게 형성되었다. 전국에 퍼져서 SNS 등에 '꼭 가봐야 할 관광 스폿'으로 소개도 되지만 사실 이들 거리는 상권이 발달할 만한 지역은 대부분 아니었다. 흔한 옛 동네의 꼬불꼬불한 골목길에 일반 주거지였지만 여기에 무언가를 담았다. 창조(creative)라는 맛깔나는 특색 말이다. 충북 청주엔 운리단길, 수암골 2곳이 리단길로 분류되나 아직 대전과 충남, 세종엔 지역특화거리만이 있을 뿐이다.

　인수위 지역균형발전특위는 '새로운 지역밀착형 성장모델 발굴을 위한 지역사회의 자생적 창조역량 강화'를 국정과제로 선정했다. 지역의 고유한 특성을 살리려면 지역의 창조적 인재 발굴과 지역 특색에 맞는 로컬산업의 성장이 필수적이라는 인식의 결과다.

전 세계적으로 지역발전 트렌드는 중앙 정부 중심에서 지역 중심의 사회·경제적 문제 대응으로 변화하고 있다. 중앙 정부의 자원 이전과 광역 생태계 중심의 기존 균형발전 모델로는 한계가 있다. 경제 구조와 생활양식의 변화를 반영하는 새로운 접근이 필요하다. 이런 측면에서 특위는 새로운 지역 주도 성장모델로 골목상권 산업과 라이프 스타일 산업 등 지역의 콘텐츠와 자원을 활용한 새로운 유형의 지역산업을 창출할 것을 강조했다. 즉 로컬 크리에이터 정책의 정비와 생태계 지원 중심으로 육성하기로 뜻을 모았다.

중앙부처별 지역기반 창업지원사업을 성장단계와 특성별로 연계하여 역사·문화 등 지역 정체성에 바탕한 동네 단위 로컬 브랜드를 구축하기로 했다. 특히 커피집으로 출발, 관광객이 즐겨 찾는 커피 문화의 상징이 되고, 커피 거리 축제·스테이 등 연관산업의 결합, 커피가공과 찌꺼기 업사이클링 제조로 확장한 강릉의 테라로사와 보헤미안 사례처럼 기업으로 성장한 로컬 크리에이터가 집적화된 로컬브랜드를 제조업과 연계시키는 방식의 골목 산업화를 적극 지원한다. 동네상권 민간조직(가칭 동네상권발전소)의 자율 구성·운영을 지원하고 콘텐츠 연계형 도시재생과 청년창업을 통한 골목상권 활성화와 함께 발전기금, 민관협업 투·융자 등 골목산업 생태계를 뒷받침하는 로컬인프라를 구축하기로 했다.

동네와 마을 중심으로 지역 고유자원과 다양성을 활용한 로컬 브랜딩 기반의 지역 발전계획도 수립하고, 다양한 중앙정부 사업 연계와 제도 정비도 추진하기로 했다. 이를 위해선 주민센터의 기능 강화가 무엇보다도 중요하다. 읍·면·동에 지역활성화팀(가칭)구성을 권고하고 시범지역 읍·면·동의 평가를 토대로 지속 가능한 지원 체계를 마련한 후, 읍·면·동 창조커뮤니티를 난세석으로 확산해 나가기로 했다.

지방 소멸이 심화되고, 특히 지역대학의 역할도 축소되어 지역인재의 수도권 유출이 심각한 상황이다. 대학내 비(非)기술 창업은 전체의 약 79%를 차지하나, 정부 지원은 기술창업에 집중되는 등 비기술 기반 로컬창업 활성화를 위한 지원사업은 현저하게 부족한 실정이다. 지역 대학을 활용하여 로컬 크리에이터를 발굴하고, 지자체와 연계해 성장 단계별 현장 체험과 창업 및 사업화를 지원하는 지자체 단위 로컬브랜드 지원 시스템 구축도 필요하다.

지역의 잠재된 가치와 자원, 기술을 접목해 새로운 가치를 재탄생시켜야 한다. 이를 위해선 로컬 크리에이터를 양성해야 한다. 민관의 협력구조가 절실하다. "골목길만 걸어도 행복하다"라는 찬사는 유럽의 전유물이 아니다. 골목을 바꿔보자. 로컬 크리에이터가 되자.

(충청투데이 '22. 5. 18)

일자리가 지역의 미래다

메가시티에 대한 관심이 크다. 광역지자체간 협력기반의 초광역 지방정부를 만들자는 움직임이다. 메가시티가 구축되면 이 큰 그릇엔 무엇을 담아야 할까? 당연히 교통이나 행정이나 주민 삶의 편의를 우선 담아야 할 것이다. 그런데 더욱 필요한 것이 있다. 지역의 미래를 담아야 한다. 그 미래는 경제에 있고 신성장산업과 젊은이들의 일자리에 있다.

신산업분야의 수도권 집중이 가속화되고 있다. 판교IT밸리의 GDRP(국내 총생산)규모가 4대 권역의 합보다 크다는 말도 전해진다. 지역의 신산업 경쟁력 확보를 위해 메가시티를 통한 권역별 경제권 형성이 필요하다. 비수도권 4대 메가시티에 판교밸리와 같은 대규모 신성장거점이 만들어지고 10만 이상의 일자리가 만들어지면 지역의 젊은이들은 자신의 지역을 떠나지 않는다. 오히려 수도권이나 다른 지역에서 지역을 찾아온다.

수도권과 대비하여 열악한 지역 내 경영 및 투자여건을 상쇄할만한 과감한 인센티브를 마련하여 매력적인 지역 투자유치 기반을 마련해야 한다. 인수위 지역균형발전특위가 국정과제로 채택한 기회발전특구와 같은 전례 없는 파격적인 세세 혜택과 규제프리를 적용하는 방안이 기대되는 이유다. 이런 특구를 중심으로 권역별 대학, 연구기관, 기업 간 산학협력플랫폼을 구축하고 특히 청년층의 정주여건을 개선해서 청년 창업과 일자리 거점으로 만들어나가야 한다. 그리고 글로벌 혁신기업과 혁신벤처기업의 권역투자 유치와 신산업 기반 혁신 스타트업 생태계 조성을 통해 지방발전의 대도약을 선도해야 한다. 아울러 시·도 중심의 R&D 지원제도를 정비하고 지역산업·혁신거점 연계 사업과 함께 초광역권 전략산업 지원체제로 고도화해 나가는 작업도 필요하다.

또한 지역균형발전특위는 권역 내 강소도시에 대기업의 첨단산업 투자를 유도하는 상생형 일자리를 확대, 발전시키는 등 지역 거점도시로서의 역할도 권고했다. 아울러 지역 산입단시 고도화를 위해 기존 산업단지를 친환경 탄소중립 디지털 산업단지로 전환하고, 지역이 육성코자 하는 산업을 기반으로 새로운 국가산단을 조성하거나 노후 산단의 리뉴얼을 추진하기로 했다.

무엇보다 지역이 자율적으로 일자리를 창출할 수 있도록 역량을 강화하고 지역별로 특화된 고용창출 기반을 재구조화하는 것이 필요하다. 이를 위해선 '지역산업맞춤형 일자리창출지원' 사업을 확대 개편하고 산업·고용위기 단계별 지원체계를 도입해야한다.

초광역 메가시티를 중심으로 글로벌 경쟁이 가능한 수준의 산업 혁신생태계를 만들어야 하며, 이를 통해 지역의 산업과 일자리 성장 동력을 새롭게 조성해 나가야 한다. 서울의 강남을 선호하는 것은 그 곳엔 교육·문화·의료 등의 생활 인프라가 매력적이기 때문이다. 그러나 더 큰 요인이 있다. 강남엔 좋은 기업이 많고 일자리가 많기 때문이다.

일자리가 지역의 미래다. 지역균형발전을 위한 모든 정책은 일자리로 통해야 한다 해도 과언이 아닐 것이다.

('22. 5. 30 노트에서)

대학이 살아야 지방이 산다

'21년 현재 대학교 신입생 미충원 인원은 40,586명이라는 통계발표다. 이중에 75%인 30,458명이 비수도권 대학이다. 이대로라면 지방의 대학은 벚꽃 피는 순서대로 문을 닫는다는 말이 현실화될 듯하다. 지방에 양질의 청년일자리가 거의 없어 수도권으로 청년인구가 유출된다. 학령인구가 급감함으로써 지방대학은 심각한 위기를 맞고 있다.

이러한 위기엔 교육관청 주도의 지방교육이 한 몫 한다는 의견이 지배적이다. 지방의 교육여건 개선, 특히나 재정적 방안을 바꾸고 혁신인프라를 강화하지 않으면 위기 타개는 요원하다는 말이 정설이 되고 있다. 이를 해결하기 위한 일환으로 인수위 지역균형발전특위에서는 국정과제로 지방교육 및 인력양성체계 개편방안을 선정했다.

국정과제의 내용 중엔 무엇보다 국가적으로 재정지원체계를 근본적으로 바꾸는 방안이 눈에 띈다. 현재 내국세의 20.79%와 교육세로 구성된 지방교육재정교부금에서 일부를 지역대학까지 지원하는 방안이 대표적이다. 그리고 정부의 고등교육 지원비율을 현행 0.6%에서 OECD 평균 수준인 GDP 대비 1.1% 이상으로 확보하여 지방대학에 우선 투자할 것을 권고했다.

지역대학의 경쟁력 제고를 위해선 지자체의 자기책임성이 강화되어야 한다. 지역 산업에 맞는 인재 양성-취업-정주-지역경제 발전의 선순환이 되도록 지역대학과 지자체, 지역기업 간 거버넌스와 협력체계가 구축되어야 한다. 지방대학-지자체-중앙정부-민간기업-연구소의 지역혁신 기반 창업플랫폼을 구축하여 양질의 일자리를 만들 수 있는 생태계 또한 구축되어야 한다. 지역특화형 공유대학 모델을 제안하고 공유대학 형태의 플랫폼을 통해 협업체계를 구축할 것도 권고했다.

대학규제도 완화되어야 하며, 특히 사내대학 설립 촉진을 위한 입학자격과 수업연한 등의 교육 규제 완화도 추진하기로 했다. 한계 사립대학의 재산처분 기준과 처분재산 귀속, 교육자산 운용에 관한 규제를 완화하여 경영 합리화 방안과 함께 퇴출도 지원하는 방안 또한 검토했다. 해산 후 다른 공익사업을 희망하는 경우 지자체의 의견을 들어 공익법인·사회복지법인 등으로 잔여재산 출연을 허용하는 방안도 모색하기로 했다.

공공기관 이전 지역 소재 대학과 고교 졸업(예정)자를 대상으로 공공기관 의무채용의 범위와 정도를 지방공기업, 정부출자·출연기관 등으로 확대하는 방안을 발표했다. 대학에 대한 중복적·자의적 평가로 교육기관이 획일화되고 부당한 영향을 받지 않도록 평가 제도를 개선키로 했다. 정부가 주도하는 획일적 평가는 지양하고, 정부는 사업별 대학 지원에서 포괄적 지원 방식으로 전환 검토하기로 했다. 특히 합리적인 이유가 있으면 사업별 지원금을 통합하여 사용할 수 있도록 하는 방안도 강구된다.

전체인구 대비 대학생 인구 구성비는 다른 지역 대비 월등히 높은 곳이 충청지역이다. '21년 현재 인구 1만 명당 충남이 958명, 대전이 923명, 충북이 827명으로 서울 617명과 경기도의 467명과 대비해서 매우 높은 상황이다. 대학생 구성비가 높다는 것은 도시의 활력이 높아진다는 측면에선 긍정적이다. 그런데 지금처럼 지자체와 지방대학의 위기 시대엔 양질의 일자리가 부족하기에 청년실업이 증가되고, 지역의 대학을 졸업한 우수한 인재가 수도권으로 빠져나가 도시의 활력을 저해할 수 있다. 청년인구 유출은 그 지역 인구의 감소와 직결되고 인구 고령화를 불러온다. 그리고 청년층의 유출은 남아있던 다른 청년들마저 지역에 대한 매력도를 감퇴시켜 재차 인구유출로 이어지는 악순환을 발생시킨다.

양질의 일자리, 튼튼한 대학, 그리고 문화 향유의 정주여건이 마련되어야 인구유출의 악순환 고리가 인구증가의 선순환 고리로 전환될 수 있다.

지방대학을 지키자. 그것이 지방을 지키는 길이다.

(충청투데이 '22. 5. 20)

지방대학이 혁신생태계의
거점이 되는 나라

　서울시는 서울캠퍼스타운 사업을 추진하고 있다. 서울시내 54개 대학에서 32개의 캠퍼스타운에 1,315개 창업팀이 현재 활동 중이며, 올해 1500개 팀 창업을 목표로 하고 있다. '17년에 시작된 서울캠퍼스타운 사업은 시, 대학, 자치구가 함께 청년 창업가에게 공간을 제공하고 전문가 멘토링 등을 통해 창업 과정을 돕는 사업이다. 캠퍼스타운 창업기업으로 선발되면 입주공간과 창업지원금 제공, 투자유치 기회 부여, 창업교육·컨설팅 제공, 판로개척과 마케팅 지원 등 맞춤형 성장지원 패키지가 제공된다.

　국토교통부, 교육부, 중소벤처기업부는 '19년부터 대학을 지역혁신성장의 거점으로 육성하기 위한 '캠퍼스 혁신파크 사업'을 함께 추진하고 있다. 입지가 좋은 대학의 유휴 부지를 도시첨단산업단지로 조성하고, 각종 기업시설과 창업지원시설, 주거와 문화시설을 설치하고, 정부의 다양한 기업지원 프로그램을 연계하는 사업이다. 대학이 지닌 입지적 장점과 혁신 역량을 적극 활용하여 산학 협력 고도화를 통해 새로운 혁신생태계를 조성한다는 취지다. '19년에 1차로 강원대, 한남대, 한양대 ERICA를 선정한데 이어 '21년에 2차로 경북대, 전남대 2곳을, 올해 들어서도 추가선정 작업을 진행하고 있다. 도시첨단산업단지로의 개발 타당성이 가장 높은 평가배점인 가운데 지역균형발전 측면을 고려하여 비수도권에 균형발전가점을 부여한다.

산업통상자원부는 '11년부터 산학융합지구사업을 추진하고 있다. 산업단지 내에 대학캠퍼스와 기업연구관을 조성하여 인력양성, 산학공동 R&D, 고용이 융합적으로 이루어지는 현장맞춤형 산학협력을 수행하는 사업이다. '21년 현재 17개 지구, 32개 대학(72개 학과), 31개 지자체가 참여하고 있다.

혁신융합사업은 혁신도시 내 기업·대학·연구소가 상호 유기적 네트워크를 형성해 지역혁신을 도모하자는 취지에서 대학 및 사립학교법에 의해 학교법인이 국토교통부에 신청하는 사업이다. 선정되면 4년간 구축비, 임차료, 취업비, 창업비 등 33억원을 지원받는다.

지역발전의 역동성을 살리기 위해선 지역혁신생태계가 조성되어야 하며, 대학이 중요한 한 축이 되어야 한다는 명제는 대부분 공감하는 사실이다. 그래서 정부, 지자체, 대학, 연구소가 함께 대학을 스타트업과 혁신벤처의 성장거점으로 만들고 양질의 혁신일자리 창출 집적지로 재구성하기 위해서 다양한 노력들이 진행되고 있다. 그러나 경제기반 및 산학연계기반 자체에서 월등한 차이로 지방은 수도권에 많이 뒤쳐져 있다. 게다가 현재 각 부처별로 유관사업들이 캠퍼스혁신파크사업, 산학융합지구, 혁신융합사업, 그 밖에 다양한 이름의 사업으로 분산되어 진행되고 있다. 지자체와 지방대학이 주도한다는 명제 하에 통합적 접근이 필요하다.

지역이 주도하는 지역경제 성장모델을 추진하고, 중앙정부와 지역혁신기관이 이를 뒷받침하여 지역의 자립 성장과 지역균형발전을 도모해야 한다. 이 중심축에 대학이 있어야 한다. 기존의 기업을 이끌어가는 산업역군이 되든, 창업을 통해 새로운 성장의 핵이 되든 대학은 우수한 인재를 양성하는 요람이 되어야 한다. 지역 주도로 지역의 혁신 기반 환경에 부응하는 지역 고유의 기업과 지식(기술)과 사회혁신의 조합을 통해 지속가능한 지역혁신생태계를 조성해야 한다. 지방대학이 이 혁신생태계의 핵심 거점이 될 때 진정한 지방시대는 열릴 것이다.

(시사뉴스 '22. 6. 7)

농산어촌 문제에 더욱
고민이 깊은 까닭

인수위원회가 구성되고, 게다가 지역문제를 전담하는 지역균형 발전특위가 구성되어 사람들이 모이고 과제가 도출되면서, 때론 종합적인 영역에서 때론 분야별 전문적 영역에서 하나하나 자리를 잡아나가기 시작했다. 그때 무언가 빈 영역이 보이기 시작했다. 이렇게 대한민국이 선진화로의 길로 들어서기 전 우리 삶의 뿌리이자 우리경제의 기반이기도 했던 농·수산·임업 분야가 안 보인다. 지역균형 발전에서 절대 빠질 수 없는 분야다.

마침 특위의 부위원장인 정운천의원이 제안해서 특별과제로 선정되고 도·농 균형발전 특별과제기획단을 구성했다. 기획단은 실효성 있고 미래지향적인 농산어촌 정책을 고민하면서, 특히 기존의 농수산식품부 정책조직과 경제 분과 등 인수위 분과에서는 다루기 어려운 다부처 융합 과제에 대해 논의를 집중했고, 5차례의 정책 발굴 논의 회의와 7차례의 간담회를 거쳐 '농산어촌 지원 강화 및 성장환경 조성'을 국정과제로 선정했다.

농산어촌은 도시근로자 대비 소득이 낮고, 고령화가 심화되어 주민의 삶의 질 저하는 물론, 도농간 불균형과 함께 국가 전체의 활력을 저하시킨다. 국가발전을 위한 도농 균형정책이 시급하다. 이를 위해서 우선 농산어촌의 활력을 살리는 데 주목했다.

농어촌 청년 뉴타운을 '27년까지 27개소를 조성하기로 했다. 농업 생산성 향상과 혁신동력 창출을 위해 청년들을 위한 일자리와 연계된 주거, 교육, 문화 등 종합적 생활공간 조성이 중요하다는 판단에서다. 특위는 도(道)별 1지구 전략으로 주택단지 50~100호, 커뮤니티 및 공동육아시설, 일자리 기반시설 등으로 구성되는 시범사업 9지구를 우선적으로 추진한 후 전국적으로 사업 확대할 것을 제안했다. 아울러 특위는 ICT, AI, 빅데이터 등 미래기술과 자본이 집약된 스마트팜 융·복합 단지를 역시 '27년까지 10개소를 조성하여 농어촌 산업기반을 강화하고 농촌 일자리를 적극적으로 창출하도록 했다.

각 산업별로 보면, 축산농가의 경우엔 질병, 악취, 분뇨문제로 환경문제가 취약하다. 쾌적한 축산산업으로 전환할 수 있도록 기술집약형 축산 단지 조성이 시급하다. ICT와 AI 기술 등 신기술을 적용한 민간 주도 친환경 무인 축산방식을 도입해 정부 부담을 줄이면서 친환경 축산으로 전환하도록 했다. 농가의 경우, 소득증대를 위해 농업진흥지역 내 일부 농지를 '쌀 등 생산 조정 및 농촌소득원 개발 특별지구'로 지정하여 쌀 등 생산 이외 소득 창출지역으로 활용하도록 제안했고, 산촌의 경우엔 산촌 고유의 매력을 살리고, 산촌향(向) 라이프스타일 트렌드를 반영한 국가 차원의 산촌진흥 정책을 추진하기로 했다. 어촌의 경우엔 삼면이 바다인 우리나라의 특성을 살려 어업소득 기반과 생활여건 개선을 위한 특별대책을 마련하기로 했다.

농산어촌은 무엇보다 생활여건이 도시에 비해 현저히 떨어진다. 주민 삶의 질을 개선할 수 있는 보건, 복지, 교육, 문화 및 여가 등의 생활 인프라가 구축되어야 한다. 아울러 무엇보다도 고령화문제가 심각하다. 고독사 예방과 어르신 돌봄에 대한 각별한 노력이 필요하며, 특히 관련 부처 간 조정기능을 강화하되, 지자체별로 특성화된 정책을 추진을 장려하기로 했다.

농산어촌의 문제는 비단 담당부처인 농수산식품부만의 문제가 아니다. 행안부, 복지부, 교육부, 국토교통부, 기재부 등 많은 부처가 관련되어 있다. 말뿐인 융합과 상생이 아니다. 실천의 상생이어야 한다. 고민이 늦게 가동된 주제였으나 가장 절실히 고민한 특별한 주제이기도 했다. 모든 이의 뿌리의 문제이기 때문이다.

('22. 5. 15 노트에서)

지역균형발전, 문제는 실행이다

국민이 모르는 정책은 정책이 없는 것과 같다는 말이 있다. 아무리 좋은 정책도 국민이 알아야 하고 무엇보다 정책추진자들이 이를 제대로 공유하고 함께 실천의지를 다져야 한다. 4월 27일 인수위 지역균형발전특위는 대국민 기자회견을 통해 새 정부의 지역균형발전 비전체계와 국정과제를 발표했다. 그리고 그 다음날부터 대전·세종을 필두로 5월 12일 제주에 이르기까지 2주간 12개 지역을 순회하며 대국민보고회를 개최했다.

특위는 '어디에 살든 균등한 기회를 누리는 지방시대'를 모토로 이의 실현을 위해 지역주도, 혁신을 통한 일자리, 지역특성 극대화의 3대 약속을 담은 15대 국정과제를 지역민들에게 보고했다. 지역이 특히 관심을 갖고 있는 대통령의 공약도 15개 정책과제로 만들어서 각 지역별로 보고했다.

역시 지역균형발전에 대한 지역의 관심과 열의는 대단했다. 대부분 지역에 인파가 꽉 찼다. 참석자들은 무엇보다 최초로 인수위 단계서부터 지역균형발전특위를 설치하고, 최초로 지역을 돌며 순회

보고 활동을 하는 그 자체에 고무적인 반응을 보였다. 전 지역에서 '윤석열정부는 지방시대'라는 대통령의 어록을 실제 현장에서 확인한다는 평가와 함께 새 정부에 기대감을 피력했나. 지자체와 유관기관 관계자, 그리고 지역 오피니언 리더들이 많은 부분 정책에 공감을 표했다. 특히 언론의 적극적 취재와 활발한 정책 보도로 지역별로 과제의 추진 동력을 확보하는 계기는 마련된 듯하다. 발표 외에 질의응답에만 1시간 전후의 시간이 소요되었고, 대부분의 지역에서 언론은 행사 후 브리핑을 요청했다. 게다가 보고대회 행사 후 며칠이 지나고부터 일부 지자체의 경우 균형발전 국정과제 실천 T/F를 구성한다는 소식도 전해져 왔다.

지자체에선 기업이전과 지자체 주도의 발전패러다임 변화에 관심이 높았다. 특히 국정과제 중에선 기회발전특구와 교육 자율성 확대 시범지구, 메가시티, 자치분권 등을 주목했다. 지역 현안인 공약 실천에 큰 기대감을 표출한 반면, 중앙정부 중심의 구조적인 한계 속에 과연 실현가능성이 있겠는가 하는 회의적 시각도 있었다. 기회발전특구와 관련해 조세지원으로 인한 일시적 세수감소 문제로 기획재정부의 반발, 교육 자율성 확대 시범지구 관련하여 교육부의 입장, 대안학교 등에 대한 일부 국민의 비판적 인식이 상존하고 있다. 해결해야 할 문제들이다.

대통령은 국민보고대회 평가 보고의 자리에서 "지역균형발전의 무게가 달라졌다"는 말과 함께 "새롭게 만들 조직이나 정비될 조직을 통해 지역공약을 중심으로 챙겨달라"고 말했음을 김병준 특위위원장이 언론을 통해 전했다. 무게가 달라졌다. 대통령은 이미 전국

시도지사 간담회에서 "모든 지역이 스스로 발전 동력을 찾도록 지원하는 게 중앙정부의 역할"이라며 "평소 전략으로 공정한 접근성과 재정권한을 강화하고, 특화 사업을 지역이 스스로 선정하는 게 지역균형발전의 기본"이라는 말을 피력했다.

지역균형발전, 이제는 실행이 문제다. 우선은 '23~'27년의 제5차 지역균형발전 5개년 계획에 15대 국정과제에 제시된 사업을 반영해야 한다. 관련부처 협조로 사업의 실천성을 강화하고 사업 간 연계성을 촉진하는 일이 남았다. 그리고 당장의 현안으로 국가균형발전특별회계의 역할과 운영방향의 새로운 모색이 필요하다. 규모자체를 확대하고 지역자율계정 비중을 증대시키는 일 등이 중요하다. 아울러 필요한 관련 법령을 개정하거나 새로이 입법화하는 일이 남았다. 정부조직법이나 지역균형발전특별법, 국가재정법 등이 대상이 될 것이다.

지역균형발전은 함께 이루는 국가적 과제다. 이를 위해 대국민·대지역사회와의 소통은 지속되어야 한다. 특히 기회발전특구, 교육자율성 확대 시범지구를 비롯, 지역의 관심이 높은 신성장 동력사업이나 수소산업클러스터 등 주요 과제에 대해 추가 설명회 등의 활동이 필요하다. 믿음이 중요하다. 지역균형발전에 대한 정부의지를 국민이 믿도록 해야 한다.

인수위 지역균형발전특위 활동은 끝났지만, 끝난 것이 끝난 게 아니다. 이제 시작이다. 문제는 바로 실행이기 때문이다.

('22. 5. 22 노트에서)

Ⅲ

매력적인 도시를 품고 싶다

문화와 왕래와 미래가 있는 도시

대전으로 돌아왔다.

선화동 호수돈여고 날맹이 2층집.

오후반이 있을만큼 아이들이 북적대던

잘사는 동네 소리 듣던 어릴 적 이 마을은,

이제 솟대가 군데군데 나부끼고,

전봇대 전선이 얽히고설킨 채 축 늘어져 있고,

등하교시간 빼곤 할머니 할아버지만 가끔 신작로를 지난다.

나의 도시를 되찾고 싶었다.

옛처럼 서울의 친구들과 동백4거리에서 돈까스를 먹고,

직장 동료들과 엑스포도 구경하는, 찾아오는 도시를 다시 찾고 싶었다.

도시엔 왕래가 많아야 한다.

도시엔 문화가 흘러야 한다.

도시엔 미래가 숨 쉬어야 한다.

그런 대전을 함께 만들고 싶었다.

지인들과 집에서 술 한 잔 얼근한 채 구도심을 향해 대전을 말한다.

매일 새벽마다 이 얘기 저 얘기, 대전을 글로 담아냈다.

그 말과 얘기를 담았다.

앞으로 찾을 매력적인 대전을 그리며.

1

문화도시로 갑시다

힘이 드는 축제에서 힘이 되는 축제로

　프랑스 소도시 살롱쉬르손의 여름은 축제열기로 항상 뜨거웠다. 매년 7월 개최된 살롱거리극축제는 프랑스의 대표적인 축제로 자리 잡았다. 다양한 장르의 골라보는 재미가 커서 도시의 7월은 항상 전 세계서 찾는 인파로 북적인다. 그런데 올해는 다르다. 이 도시 역시 코로나 영향을 피할 수 없었다. 34년을 이은 축제가 위태롭다. 그러나 준비팀은 멈추지 않았다. 그리고 끝내 새 길을 찾았다.

　"우리는 시와 협의를 통해 예외적인 행사, 〈가을의 약속〉을 준비하고 있다. 8월말부터 11월까지 주말에 위생상황을 고려해 관객 수와 장소를 결정할 것이다"는 가을행사로의 전환 선언과 함께 "물론 7월의 축제 규모엔 비하지 못할 것이다. 하지만 이 약속을 통해 새로운 도시 활용법을 발견하고, 한동안 방치된 공유 장소를 연결할 것이다"는 말과 함께 위기를 새 축제문화로 승화시키는 계기로 삼았다.

　우리의 축제는 어떠한가? 전국 대다수 축제가 취소의 수순을 밟았다. 거리두기와 마스크착용이 제대로 된다면 지역상황에 맞추어 축제도 할 수 있으면 하라는 것이 정부의 방침이다. 그러나 대부분 코로나 감염의 우려로 축제를 포기한다. 순전히 코로나 때문일까?

아니다. 코로나 때문이라면 강원도 춘천의 마임축제는 열려선 안된다. 27만 인구, 농촌권역을 제외하면 15만 도심인구의 춘천에도 10명의 감염자가 발생했다. 그럼에도 춘천마임축제는 5월의 집합형 축제에서 8월부터 11월까지 백신(100 Scene)의 도시분산형 축제로 전환하여 유명축제로선 전국에서 거의 유일하게 현재진행중이다.

눈치 보고 책임을 회피하는 관행 때문에 축제를 취소하는 것이 아닐까? 주무부처인 문화체육관광부는 축제방안을 지역에서 자발적으로 올리라고 요청하는 반면 지자체는 지침을 하달해 달라고 기대는 속에 이것이 반복되며 결국은 "골치 아픈데 차라리 하지 말지 뭐"로 결론내리는 것이 아닐까 싶다.

지역축제 대부분이 관주도이기 때문에 이런 결과가 나올 듯싶다. 지자체가 축제의 판(기획)을 이끌어가고, 돈(기금)을 쥐고 있기 때문에 공무원 입김에 따를 수밖에 없는 현실이다. 도시의 자산으로 삼아 열정으로 축제의 길을 열어가고, 위기의 시기에 아이디어와 협업으로 돌파하는 노력이 필요하지만 쉽지가 않다. 민간 축제 기획자들은 "좋은 거 있으면 고민해서 한번 내봐"의 열정 페이와 "상황이 좋아지면, 그때"의 미래 페이에 고개 숙일 수밖에 없는 현실이다. 이럴진대 올해는 어쩔 수 없을 듯싶다. 그럼 내년도 이래야 할까? 몇 가지 제안하고 싶다.

첫째, 차(次)년도 축제기획을 지금부터 기획해 보자. 주관주체는 지자체, 실행은 기획사인 현행방식에서 탈피해 함께 테이블에 앉아

기획과 실행의 일체형 전략을 추진해야 한다. 변화에 탄력적으로 대응하고 아이디어가 생산되는 여건을 만들어야 한다. 이를 위해 우선 내년 축제사업의 입찰을 당기는 것이 바람직하다. 그리고 축제 때만이 아닌 상시호흡시스템과 갑을관계가 아닌 파트너십을 구축하는 것이 필요하다.

둘째, 지금까지의 문화예술지원은 콘텐츠 중심으로 이루어졌다. 사람에 대한 지원이 필요하다. 예술가 지원금을 상향하고 기획자, 작가, 공연 스탭 등에 이르기까지 지원정책을 다변화해야 한다.

셋째, 축제를 포함한 문화예술의 공공성에 대한 논의가 진행되어야 한다. 문화예술은 그 자체가 지적자산이다. 재난에 함께 어려움을 겪는 개별적 존재를 넘어 고통을 받는 시민들에 힘을 주는, 어려울 때 더 큰 역할을 하는 공공재적 존재로 우리 모두가 인식을 새롭게 하는 것이 필요하다.

"우리 미션의 핵심은 다양한 형식의 예술 출현이 공공장소를 풍성하게 할 수 있도록, 예술가, 관객, 지역의 물리적 만남을 도모하는 것이고 앞으로도 그럴 것이다." 삐에르 뒤포로(Pierre Duforeau) 살롱 거리극축제 총감독의 말이다. 새겨둘 법하다.

(대전일보 '20. 8.18)

대전은 왜 '문화도시' 도전 안하나?

대전은 문화도시일까? 대전은 '과학문화도시'이고 '효 문화도시'이고 '양반 문화도시'이기도 하다. 시민들은 이런 자부심을 갖고 대전을 '문화도시'라 자랑스럽게 여긴다. 그런데 대한민국의 문화정책을 총지휘하는 문화체육관광부(이하 문화부)의 정책기준을 적용하면 대전은 '문화도시'가 아니다.

문화부는 지역문화진흥법에 따라 '문화도시'를 '지역별 특색 있는 문화자원을 효과적으로 활용해 문화 창조력을 강화할 수 있도록 지정된 도시'라고 정의하고, '18년 5월에 '19년부터 '22년까지 4차례에 걸쳐 '문화도시 조성사업'을 추진한다고 발표했다.

최근 문화부는 인천 부평구, 강원 춘천시, 강원 강릉시, 전북 완주군, 경남 김해시 등 5개 도시를 대한민국 '제2차 문화도시'로 선정했다고 발표했다. 그리고 이미 '19년 12월엔 1차로 7개의 '제1차 문화도시'를 선정한 바 있다. 경기 부천시, 강원 원주시, 충북 청주시, 충남 천안시, 경북 포항시, 제주 서귀포시, 부산 영도구가 해당 도시들이다. 문화부의 '문화도시' 조성사업은 장기적인 관점에서 지역 스스로 도시의 문화 환경을 기획·실현해 나갈 수 있도록 포괄적으로 예산을 지원한다. 1차 문화도시의 경우 국비 90억원, 도시별 약 12억 8,700만원의 자금이 지원되었다고 한다.

그러나 '문화도시'가 되는 것은 쉬운 일이 아니다. 통상 하반기에 문화도시 조성계획을 수립하여 신청하면 문체부 심의위원회의 1차 심사를 거쳐 연말에 '예비문화도시'를 선정한다. 이들 선정된 도시는 예비사업을 1년간 추진하고 연말에 2차 심의를 거쳐 정식 '문화도시'로 선정된다. 이 2단계의 경쟁절차를 거쳐야 '문화도시'로서의 본 사업을 추진할 수 있다. 100억원에 이르는 예산규모의 사업이기에 이의 선정을 둘러싼 도시 간 경쟁은 매우 치열하다. 이번에 2차 '문화도시'로 선정된 5개 도시는 '19년에 선정된 12개의 '예비 문화도시' 중 다른 7개를 제친 승자들이다. '21년 말에 자웅을 겨뤄야 할 '제3차 문화도시'를 준비하는 '예비문화도시'로는 10개 도시가 선정되었는데, 여기엔 총 41개 도시가 신청했다고 알려진다.

그런데 이 '문화도시' 선정사업에 유독 대전은 보이지 않는다. 대전광역시도, 대전의 5개 구(區)도 보이지 않는다. 워낙 경쟁이 치열하기에 다른 도시에 비해 준비가 부족하거나 콘텐츠 경쟁에서 밀려 선정이 안 될 수도 있다. 그러나 문제는 사업에 대한 정보가 없는 것인지, 아니면 경쟁해봤자 승산이 없다고 아예 도전을 포기한 것인지, 아니면 100억원을 따와야 뭐 하겠느냐며 배가 부른 것인지, 대전의 자치단체는 지난해, 1차 관문인 '예비문화도시' 선정을 위한 신청 도시 명단에 없다. 아예 시도조차 안 했다는 것이 문제다.

이 '문화도시' 사업은 지역주민이 문화의 주역이 되는 것을 표방한 풀뿌리사업이며 이는 대전의 모든 지자체가 표방하는 정신이기도 하다. '문화도시'는 지역 주민들이 직접 도시의 문제점을 진단하고 다양한 계층·세대와 소통함으로써 문화설계자로서의 역할을 수행하는 데에 역점을 둔다. 이 사업은 도시의 문화적 가치를 재발견함으로써 개인의 삶의 질 향상과 함께 지역 고유의 문화발전과 지역공동체의 회복을 촉진하기 위한 사업이다. 아울러 사업성과와 문화적 창의성을 바탕으로 지역문화를 도시의 지속가능한 성장동력이 되게 하고 고유한 문화적 브랜드를 창출하는 것을 목표로 한다.

대전의 지자체도 이러한 '문화도시' 사업에 뛰어들어야 한다. 실패하더라도 도전해야 한다. 다만 '19년 예비문화도시로 선정된 대구광역시가 문화도시에 최종 선정되지 못했다는 점을 고려할 때, 이 사업은 인천 부평구, 부산 영도구의 사례처럼 구(區) 단위 사업으로 접근하는 것이 전략적으로 옳다. 그러나 인적자원의 한계 등으로 기초자치단체 자체만의 힘으론 추진하기에 제약이 있을 수 있다. 학계, 산업계 등 민간 전문가들과 협업이 필요하다. 특히 대전광역시 산하 정보문화산업진흥원, 문화재단, 마케팅공사 등 문화예술 관련 공공기관의 지원이 필요할 수도 있다.

무엇보다 풀뿌리사업으로서 지역주민들이 참여와 실행의 주체가 되는 것이 의미가 크며, 이를 위해 지자체와 함께 '문화도시 공동추진단'을 출범·가동시키는 것이 무엇보다 필요하다. 대전도 명실상부한 '문화도시'가 되어야 한다. 못할 것이 무엇인가? 문화가 경제다. 문화가 답이다. (디트뉴스24 '21. 1. 27)

'뮤지컬 파가니니', 이런 도전 필요하다

　"당신의 바이올린에는 어떤 비밀이 있기에 그토록 놀라운 선율을 내는 것이오?"라는 사제의 질문에 "그 속에는 악마가 숨어 있소"라는 말을 남기고 떠났다는 악마의 바이올리니스트 파가니니. 그를 주제로 한 뮤지컬이 대전 예술의 전당(이하 예당) 앙상블홀에서 5일간 큰 반향을 불러일으킨 채 막을 내렸다.

　관전하기 전 몇 가지 의문이 있었다. 우선은 파가니니를 소재로 한 작품은 이미 '14년 한국에 영화로 상영되어 36,808명의 관객 수를 기록한 대표적인 흥행 참패 작품이었는데 '왜 굳이 파가니니를 무대에 올렸을까'라는 의문. 그런데 이는 140분 공연동안 아래 의문과 함께 말끔히 사라졌다. 그리고 당연하게 드는 의문, '이 악마의 삶과 음악을 예당 기획자들은 어떻게 풀어갈까?'

　영화는 7살 때 공개무대에서 캄파넬라변주곡(바이올린 협주곡 제2번 b단조 Op.7)을 연주한 천재 바이올리니스트의 삶을 프로모터와 언론이 결탁한 '악마마케팅'으로 풀면서 여자와 술, 도박에 빠진 한

쾌락주의자의 몰락하는 삶으로 스토리화하고 당시의 교회권력과 도덕률은 그런 그를 사망 후 36년 만에야 고향 제네바의 교회에 안장하는 비운의 음악가로 그린다. 즉 영화는 정통적인 '악설'을 중심으로 파가니니를 묘사한다.

그러나 뮤지컬은 그의 사후 교회법정에서 선민을 현혹시키는 악마에의 벌함을 주장하는 사제와 오로지 예술을 사랑하고 소외된 사람들과 함께했던 한 인간의 순수함을 설파하는 파가니니 아들의 열정적 변론과 함께 이야기를 전개한다. 기획의 발상이 놀랍다. 그래도 영화의 줄거리가 신경 쓰였을 텐데. 관련 글을 아무리 찾아봐도 새로운 접근, 즉 교회법정으로 중심을 잡고 파가니니와 여인(샬롯), 사제, 프로모터의 이야기로 농축한 접근은 실로 대단한 창작력이다.

풀어야 할 더 큰 문제가 있다. 역사상 최고의 바이올리니스트라 평가받는 파가니니다. 활이 아닌 나뭇가지로 연주하고, 현을 한두 개만 걸고 연주한다는 '그의 음악세계를 뮤지컬 주연은 현장연주로 어떻게 소화해낼까?'의 문제다. 그런데 즉답이 자연스레 나온다. 파가니니 역을 맡은 콘(KoN)의 발굴은 엄청난 성과다. 연주로 찬사를 받는 바이올린니스트는 제법 있다. 그런데 완벽하진 않지만 춤과 노래와 연기가 함께 할 수 있는 예술인은 거의 없다. 영화 속 파가니니(데이빗개럿) 뺨치는 KoN의 모습은 극찬을 아낄 수 없다. 특히 마지막 연주, 캄파넬라와 카프리스24(Caprice No.24)가 매끄럽게 연결된 음악 편곡도 놀랍고, KoN의 실제 연주상황은 관객의 마음을 확 끌어당긴다.

이쯤 되면 첫 번째 의문이 자연스레 해소된다. 뮤지컬 파가니니는 기획과 제작에서의 실험정신과 도전의식이 돋보인다. 파가니니, 아니 더 나아가 한 예술가의 삶을 예술장르로 보여주는 것은 쉽지 않다. 이런 어렵지만 실험적인 노력을 예술계의 누군가는 해야 한다. 4만 명도 되지 않는 영화 관객, 그 정량적 수치에 막혀선 아무것도 할 수 없고 그저 평범한 작품만 나온다. 비록 공동제작이지만 이런 일을 예당이 도전한 것이다.

이런 관점에서 뮤지컬 파가니니는 지역예술의 한계를 넘어 실험과 도전정신으로 새로운 영역에 첫발을 내딛은 의미 있는 쾌거이다. 지역의 공연기획 역량이 서울의 우수한 제작을 만나 완성된 작품인 것이다. 늘 서울의 공연콘텐츠가 지방순회공연차 대전으로 내려오는 양상과는 달리 대전발 제작 뮤지컬 초연이 서울로 올라가 세종문화회관에서의 50회 장기공연을 이루게 되는 사례가 된 것이다.

그런데 일부에선 지역민들의 세금이 왜 파가니니와 같은 지역과 상관없는 인물, 그리고 지역과 상관없는 단체와의 협업 예산으로 쓰이느냐는 비판도 있는 듯하다. 그러나 단기적으론 있을 수 있는 지적이겠으나 장기적으로 보면 지역예술기획의 역량강화, 우수공연 콘텐츠를 접하게 되는 지역 관객 그리고 앞으로 쌓일 역량을 통해 지역 콘텐츠를 풍성하게 만드는 측면에서 볼 때 충분히 가치 있는 투자이다. 게다가 대전방문의 해를 앞두고 서울의 관객을 끌어내리고 SNS로 대전을 알아보는 움직임이 활발했다고 하니 브랜드 쌓기를 위한 대전 콘텐츠의 잠재력도 확인할 수 있는 기회가 된 것은 덤일 수 있겠다.

공연예술과 문화마케팅에 관심을 갖고 있는 지인들과 교류하며

'행정의 관점에서 예술을 보아선 안 된다'는 생각, '예술은 예술전문가들에게 맡기고, 어렵겠지만 적극적으로 지원은 하되 간섭은 줄이는 것이 어떨까?' 하는 생각을 하곤 했다. 이런 시각에서 공연예술 관련 몇 가지 제언을 붙이고자 한다.

첫째, 정책으로 문화 복지와 세계적 아티스트 혹은 브랜드 작품을 만드는 것은 본질적으로 다르다는 것을 인정하고 정책을 집행해야 한다. 일반 시민에게, 소외된 사람들에게 문화공연을 무료로 전개하는 지원정책과 독일의 피나바우쉬같은 세계적 무용수를 키워내는 것은 어쩌면 근본적으로 다를 수 있다. 그리고 동일하게 한 작품을 대표브랜드로 제작, 육성하겠다는 것과 그 작품을 시민 누구에게나 보여주겠다는 것은 근본적으로 다르다는 것이다.

둘째, 대전방문의 해를 맞는 대전으로선 무턱대고 지역 고유 콘텐츠를 만들고 이의 정량적 성과에 집중할 것이 아니라 지역의 공연 관람문화, 지역단체의 역량 강화, 예당 자체기획의 확대를 통해 대전을 넘어 세계적으로 통할 수 있는 창조적인 공연콘텐츠를 만드는 것에 문화예술 정책의 방점을 두어야 한다는 점이다. 이런 면에서 지역의 콘텐츠만을 고집하는 것보다는 처음 시도이고 관객 유료객 석점유율을 고려, 자신감을 갖게 하는 것이 중요하다. 우선 지역의 콘텐츠는 제작사와 '인핸스먼트(enhancement) 방식'으로 처음 해보고 제작의 노하우를 쌓은 후 추후에 추진하는 전략이 바람직하고, 이 점에서 뮤지컬 파가니니의 공동제작은 좋은 선택이었다.

셋째, 브랜드 작품을 만들 경우 제작방식은 필히 민간전문가가 담당해야한다. 여수세계엑스포 주제가와 버스커버스커의 '여수 밤

바다'를 생각해보면 명확해지는 지점이다. 윤상과 아이유가 여수엑스포의 주제가를 만들었으나 아는 사람은 거의 없다. 이 조합은 실패할 수 없는 조합임에도 실패했다. 문화콘텐츠 구매, 소비의 핵심은 매력에 있다. 그러나 지자체, 조직위 등 공공기구에서 만들게 될 경우 '만들려는 의지' 자체가 소비 매력을 현저히 떨어뜨리는 경향이 크다.

넷째, 예당은 고급스런 아트플랫폼 역할로 포지셔닝되어야 한다. 외국의 경우 장르별 전용극장, 제작극장, 실험극장 등 세부적으로 분리되어 있으나 시장 및 인프라가 협소한 우리나라 실정엔 어려움이 크다. 특히 질, 양에 있어 절대적으로 부족한 지역예술계에는 불가능한 환상이다. 우버(Uber)와 에어비엔비(Air B&B)가 직접 차량운전, 숙박영업을 안 한다고 뭐라고 하지 않듯, 대전예당은 좋은 작품이 계속 공연되고 그를 통한 예술계, 기획계, 매니아층, 일반시민에게 '좋은 극장'으로, '믿고 보는 예당'으로 기억되는 전략이 맞다. 따라서 직접 만들겠다고 진 빼지 말고 만드는 건 역량 있는 민간 제작사에서 만들고, 대전예당의 네트워크(한국문화 예술회관연합회, 예술경영지원센터 등)를 활용, 작품 마케팅과 홍보, 브랜딩에 집중하는 것이 맞는 전략이다.

이제부터가 중요하다. 뮤지컬 파가니니 공연장에서 예당관계자분들에게 '첫 기획으로, 초연으로 아쉬운 부분도 많지만 앞으로가 시작이다'라는 취지의 말을 전했다. 진심이다. 여기까진 잘 왔다. 어쩌면 절반의 성공이다. 뮤지컬 파가니니는 서울을 넘어 중국까지 가고자 하는 길, 반드시 가도록 해야 한다. 그리고 파가니니와 같은 성공사례들이 앞으로도 더 쌓이고 그것이 지역 고유의 것과 시너지를 이루고, 그 힘이 모이고 모여 대전의 도시 브랜드에 더 좋은 알맹이가 되도록 해야 한다

쉽진 않겠지만 해낼 수 있겠다. 뮤지컬 파가니니에서 자신감을 보았다.

(디트뉴스24 '18. 12. 26)

'대전방문의 해' 성공조건, '꼰대' 탈출부터

　내년은 대전방문의 해이다. 시 승격 70주년이자 광역시 승격 30년을 맞아 관광객 500만 명 유치를 목표로 대전시가 본격적으로 움직인다. 내달 초 서울에서 대대적인 행사도 준비하고 있다. 그런데 남도의 한 도시도 내년을 방문의 해로 선언했다. 대전의 2배인 관광객 1,000만 명을 목표로 한다. 바로 전라남도 순천이다. 순천시 역시 시 승격 70주년인 '19년을 '순천방문의 해'로 발표하는 행사를 10월 서울에서 진행했다.

　시 승격 기준으론 동갑내기인 대전과 순천, 대한민국 국민과 세계인은 어느 도시를 더 찾을까? 송길영 다음소프트 부사장의 강연내용이 생각난다. 그는 한국 사회를 '꼰대'와 '꼰대가 아닌 사람'으로 나눌 수 있는데 그가 예를 든 기준은 꼰대는 관광이라 하고 꼰대 아닌 사람들은 여행이라 한다. 특히나 꼰대가 아닌 사람들은 어느 도시를 '여행'하고 싶을까?

　두 도시가 내건 '관광객' 유치 목표치 자체도 차이가 나지만, '여행적' 측면에서 본 브랜드력, 그리고 '여행'의 동인인 콘텐츠 측면에서의 국민 인식상의 차이는 더 기울어져 있을 수 있겠다. 당장 순천하면 남도음식과 수천만의 갈대가 생각난다. 내선은 어떨까? 애향심을 발휘한다 해도 현재로선 역부족일 것이라는 느낌은 나만의 것일까?

브랜드 마케팅을 익힌 나로선 당장의 차이는 인정할 수밖에 없다. 부족함을 인정할 것은 인정하고 이젠 조금 더 미래를 보며 하나하나 준비해보자는 차원에서 대전방문의 해를 논한다. 이차에 '대전방문의 해'보다는 '대전여행의 해'라고 부르면 어떨까? 하는 생각을 살짝 해보면서.

우선 마케팅에서 배운대로 조사결과를 들추어 본다. 올해 5월 발표된 '17년 국민여행실태조사에 따르면 지난해 1인당 평균 여행횟수는 5.9회, 1년에 총 10.7일을 여행했다. 숙박을 한다면 펜션 31.1%, 콘도 15.4%, 호텔 12.4% 순으로 머문다. 여행내용은 자연 및 풍경감상 28.5%, 음식관광 21.2%, 휴식 13.9%, 야외 위락 스포츠 12.5%, 놀이시설 등 방문 4.9%다. 특히 음식관광과 야외 위락 스포츠가 늘어나는 추세다.

대전을 방문했던 사람들은 대전을 어떻게 평가할까?

대전에 대한 만족도는 3.95로 전국 4.05 대비 매우 낮은 편이다. '15년 4.03에서 점점 하락했다. 여행재방문 의향 역시 3.89로 전국 4.00 대비 최하위수준이다. 타인 추천율 또한 3.87로 전국 3.95 대비 낮다. 두 지수 역시 지속 하향추세다.

국내여행 총비용은 전 국민 29.4조원인데 대전에서 쓴 돈은 이의 2.37%에 불과한 7,000억원 수준이다. 게다가 숙박여행은 전국의

1.36%에 불과하다. 대전에서 잠자는 여행은 너무도 취약하다. 항목별 만족도를 보면 이유가 드러난다.

문화유산, 관광종사자 친절성, 쇼핑, 관광지 혼잡도 만족도는 전국 수준과 비슷하다. 그러나 자연경관은 전국 4.15 대비 3.94, 물가는 3.65 대비 3.41로 낮고, 특히 식당 및 음식은 3.92대비 3.72, 숙박시설은 4.05 대비 3.25로 만족도가 전국 최하위수준인 것이 안타깝다. 그렇지만 교통은 3.91 대비 4.04, 체험프로그램 만족도는 3.89 대비 4.06으로 제주 다음 높은 것이 위안이다.

하루아침에 대전을 '여행 천국'으로 바꿀 순 없다. 그러나 점점 쇠퇴하는 대전을 외부인들이 찾아 북적이고 돈을 쓰는 모습으로 변모시키는 것이 극복 방안일 수 있다. '대전방문의 해'가 정점이 아니라 이런 기회잡기의 시작이고 '여행할 만한 도시'로 국민들의 인식 속에 고려의 대상으로 자리 잡는 첫 시작이 되었으면 하는 바람으로 몇 가지 제안을 한다.

첫째, 무엇보다 초대자의 시각이 아닌 '여행자의 시각'으로 인식을 전환해야 한다. "대전방문의 해, 컨트롤타워가 시급하다"는 시정 질의에 허태정 대전시장은 "행정부시장을 위원장으로 하는 추진위를 구성했다"는 답을 했다. 나는 이런 접근이 문제라고 본다. 최근 청와대는 공약인 '청와대 광화문 이전'을 위해 '광화문 대통령 시대위원회'를 구성하고 위원장에 유홍준 전 문화재청장을 내정한 것으로 알려졌다. 대전식 일반 행정적 발상이라면 임종석 비서실장이 맡아야 한다. 컨트롤을 맡은 '유홍준의 광화문시대위'라면 상상만해도 기대되지 않는가? 많은 일을 통괄하는 행정부지사가 챙기는 것이 바람직할까? 게다가 그 자리까지 오르려면 일중독일 가능성이 높은데 그가 여행을 알까?

둘째, 여행이 도시활성화의 새로운 기회로 사리 잡으려면 많은 시스템 정비가 필요하다. 기존의 관점과 부딪힐 수가 있다. 송길영 다음소프트 부사장 강연에서 나는 "대전의 여행지표가 하위권인데 이의 극복방안이 무엇일까"를 질문한 적이 있다. 그는 조심스레 '행정의 문제'를 꺼내며 어려운 문제라고 답했다. 협의하고 보고하는 과정에서 항상 제자리로 돌아온다는 얘기다. 내부관점에서 대전을 보는 행정과는 달리 여행은 외부관점에서 대전을 보는 일이다. 부서 간 협업을 넘어 대전의 전문가 및 관계자, 그리고 대전 밖 전문가와 일반국민의 시각을 조율하고 길게 리드할 수 있는 책임자와 일할 수 있는 시스템이 필요하다.

셋째, 당장 내년을 준비하는 문제로서 통계조사에 나타난 적잖은 문제의 개선을 위해, 볼거리, 즐길 거리 등 콘텐츠 개발을 위해, 그리고 과학도시 등 대전의 정체성을 지키기 위해 많은 분야에서 고민하고 발 벗고 나서고 있다. 여기에 더하여 이를 전국에 알리는 대전 밖과의 커뮤니케이션에 좀 더 신경을 쓸 것을 주문하고 싶다. 사람을 끌어들여 돈을 쓰게 하기 위해 우리의 돈을 쓰는 일은 미래를 위한 투자다. 커뮤니케이션 효율성을 높이기 위한 전략적 접근이 필요할 때다.

넷째, 대전을 지속적으로 찾게 하는 볼거리·살거리·놀거리·먹을거리를 상품화하고, 이를 엮어 스토리화하고 마케팅해야 한다.

'젊은 친구들이 대전역에 내린다. 미리 예약한 '타슈'를 인계받아 목척교로 향한다. 가는 길, 광주송정리역 시장보다 더 재미있다는 야시장으로 유명한 중앙시장에 들러 순대와 만두를 먹는다. 목척교 아래 자전거동호인들이 모였다. 대전천을 따라 유성온천까지 이어진 천변코스를 달린다. 가는 길 오정동 수산타운방문은 다음으로 미루고, 드라마타운, 과학박물관을 거쳐, 대전예술의 전당에서 야외공연을 즐긴다. 그리고 레이져쇼 펼쳐지는 갑천을 쌩쌩 달려 유성으로 향한다. 물좋은 유성온천에서 힐링을 하고 저녁맥주를 즐기며, 다음 대전여행을 계획한다. '다음엔 계족산 황톳길을 걸을까? 아니면 목척교에서 반대로 돌아볼까? 칼국수 한 그릇 비우고, 보문산을 등산하며 아쿠아랜드도 즐긴다. 관광용 트램을 타고 동물원을 투어하고 뿌리공원을 찾는다. 그리고 숲속에서의 캠핑…'

나는 이런 상상을 한다. 그저 꿈일까? 이런 상상과 꿈의 시작이 '19년이었으면 좋겠다. 대전방문의 해, 내년은 어쩌면 경쟁해야할 순천보다 여행자가 적을지 몰라도 몇 년 후 더 대전을 많이 찾으면 되지 않나? 지금이 시작이다.

※ 인용통계자료 : '17국민여행실태조사
- 조사대상 : 전국 만15세 이상의 가구원
- 조사방법 : 확률표본에 의한 면접조사
- 조사기간 : '17.1.1. ~ 12.31
- 현장조사 : 7~8월(상반기), 익년 1~2월(하반기)
- 담당기관 : 문화체육관광부

(디트뉴스24 '18. 11. 27)

평가는 새로운 시작이다

"예? 줄었다고요? 맙소사!"

며칠 전 아프리카 공무원 '19년 연수사업 때문에 유성호텔에 들러 업무 이야기를 하다가, 업무도 업무이지만 특별히 궁금해서 물어봤는데 돌아온 답을 듣고 뱉어진 말이다.

"어떻게.. 올해는 대전방문의 해이고 객실손님들이 그래도 좀 늘었겠지요?"라고 묻자, 담당지배인이 웃으며..

"늘기는요. 정말 영업이 쉽지 않네요."

"대전방문의 해라 외지에서 방문하면 아무래도 그 수혜는 유성이 제일 클 테고, 숙박과 온천, 주변 유흥시설 때문이더라도 유성호텔이 좀 들썩여야 하는 게 아닌가요?"

"들썩이긴요. 동네가 많이 죽었고, 작년 대비해서도 손님이 준 것을 체감합니다."

"그럼 리베라와 아드리아가 문 닫은 상태에 유성호텔이 줄었다면 유성 이 일대는 외지방문객이 대폭 줄었다는 얘기인데.. 그럼 ICC호텔이나 인터시티호텔 같은 호텔도 그럴까요?"

"글쎄요. 잘 모르겠지만 늘었다 하더라도 대전방문의 해 그것 때문에 늘지는 않았을 것 같네요."

'대전방문의 해'가 시작된 지 3개월이 지났다. '22년까지 3년으로 늘어 행사의 압축감도 떨어지고, 기대만큼 매력적인 움직임도 보이지 않는다. 겨울을 벗어난 지 얼마 되지 않아서 그럴까? 가끔 유성온천거리를 와보면 사람이 뜸했는데 호텔관계자 말을 들어보니 문제가 심각한 듯하다. 결국 여행이 됐든 관광이 됐든 그 성과는 숙박업소와 식당의 체감경기로 나타날 텐데, 그게 도무지 신통치 않은 듯하다. '대전방문의 해'를 주관하는 대전시청과 관계기관은 이를 제대로 파악하고 있는지 묻고 싶다.

올 1/4분기 대전방문의 해 성과지표를 알고 싶다. 여행이 되었든 단순한 방문이 되었든 얼마만큼의 방문객이 대전을 온 건지, 1박 이상 숙박한 사람들은 어느 정도인지, 대전에서 얼마를 썼는지, 경제효과는 직·간접적으로 어느 정도 되고 있는지 알고 싶다. 정책은 평가가 중요하다. 행정학자 최병선 서울대 명예교수도 우리의 행정에 있어서 가장 안타까운 것 중 하나가 평가를 하지 않고 평가예산에 매우 인색하다는 점을 지적했다.

사후평가는 물론이거니와 중간평가가 매우 중요하다. 성과지표가 없다면 지표를 만들어야 한다. 그리고 지속적으로 체크해서 관리해 나가야 한다. 물론 탁상이 아니라 무엇보다 현장에 나가 직접 확인하고 현장 사람들 이야기를 듣는 것이 중요하다. 이런 게 자신이 없다면 정책을 거두는 것이 맞지 않은가?

('19. 4.9 노트에서)

야구장 없는 중구,
대덕단지 없는 대전

야구장. 만약 이런 가정을 해보면 어떨까요?

대덕연구단지가 지어진 지 40여년 되었기에 완전히 새롭게 단장을 해야 할 때가 되었습니다. 대전시민은 이를 쌍수로 환영했고, 국민들도 이에 대체적으로 공감했고, 모든 정치인들도 약속했습니다.

그런데 새롭게 탄생한 정부는 이왕 새 사업을 펼치는 김에 부지선정부터 새롭게, 즉 전국의 원하는 지자체가 참여하는 새로운 방식의 절차를 추진했습니다. 돈과 인프라가 막강한 특히 큰 기업, 잠재력 높은 기업이 많은 경기도가 판교벨트를 앞세워 유치전에 뛰어들었습니다. 많은 기업이 동참하여 무서운 속도로 유치노력을 전개했습니다. 광주광역시에서 막강한 정치력을 앞세워 지역균등발전을 키 메시지로 걸고 뛰어들었습니다. 국회에서 집권여당과 지역기반의 정당이 공조해서 함께 움직입니다.

울산광역시가 인근 포항과 연계하여 무너지는 제조업을 새롭게 4차산업혁명과 연계하는 전략을 내놓고, 주변의 아름다운 바다를 이용한 새로운 건축법을 이용한 기막힌 아이디어로 유치전에 참여했습니다. 대전은 '아차!' 했습니다. 모든 정치인의 약속이었고 특히 새로운 대통령의 약속을 믿었기에 '당연히 대전'이라 생각하고 별반 준비의 필요성을 느끼지 못하다가 뒤늦게 울부짖기 시작했습니다. '약속을 지키라'고 삭발투쟁을 하고 현수막을 붙였습니다.

어떤가요? 지금 대전시에서 벌어지고 있는 야구장 유치 광경도 이와 다르지 않아 보입니다. 저는 중구에 삽니다. 자연스럽게 팔은 안으로 굽을 듯합니다. 그래서인지 야구장 유치와 관련, 비전과 계획을 만드는 노력이 인색해 보이는 중구에 아쉬움이 많이 남지만, 할 수 있는 것이라면 삭발과 현수막으로 울부짖는 것 외엔 별반 없는 중구의 현실을 잘 알기에 더욱 가슴이 아픕니다.

대전시장님, 대전시 공무원님. 만약 대전광역시가 제가 가정한 대덕연구단지의 새 모습을 위한 전국적 공모라는 이런 상황에 부닥친다면 어떨까요? 대전 또한 결국은 삭발과 현수막, 아니 그 이상의 투쟁밖엔 남은 무기가 없을지 모를 일입니다. '기존의 권리'를 빼앗기는 것 같은 울분에 대전의 시민들은 정부에 대한 정치적 거부감까지 마음속에 생겨날지 모를 일입니다. 그것을 알기에 더욱 답답했습니다. 이러한 상황을 애초에 만들지 않는 것이 '건전한 정치'이자 '합리적 행정'이라 배웠습니다.

행정은 아이디어가 아닙니다. 아무리 창의의 시대라 할지라도, 저 또한 광고회사 출신인지라 '창의와 아이디어'를 지극히 숭상하더라도 행정이 아이디어로 움직여선 안 됩니다. 아무리 새로운 접근, 참신한 아이디어가 중요하더라도 행정은 예측 가능하고 선순환으로 지속 가능해야 합니다. 그리고 이러한 문제는 '다양한 참여'보다는 '강력한 추진'이라는 행정원칙이 중요하다고 생각합니다. 그러나 어쨌든 추진된 행정이니 다시 담을 수도 없는 현실입니다. 그렇기에 몇 가지 점만은 말씀드리고자 합니다.

첫째, 5개 구(區) 도시전체가 각자 자신을 뽐내는 것도 필요하겠지만 함께 유기적으로 발전되어야 하는 것이 지상과제입니다. 특히나 몇 개 구는 더 이상 뽐낼 것도 없는 어려운 형편이기에 상위의 지자체인 대전광역시에서 약간의 '어버이' 역할도 해야 합니다.

둘째, '도시재생'의 미래지향적 큰 관점에서 야구장 건립을 다루어야 합니다. 그 도시재생은 원도심과 낙후지역의 대명사가 된 중구만의 좁은 각도가 아니라 대전시 전체의 균형발전이라는 시각에서, 대전전체 도시재생의 큰 밑그림 위에 편향적 개발을 지양하고 골고루 활력을 불어넣는 상생의 색깔을 입혀줘야 합니다.

셋째, 현재 야구장이 있는 중구의 특수성도 고려해야 합니다. 도청, 시청, 법원, 검찰청, 경찰청이 떠나가고, 대학교가 떠나가고, 상가, 영화관이 떠나가고, 서부터미널과 서대전역이 쪼그라든 중구의 슬픈 과거가 존재합니다.

앞으로 트램이 돌고, 새로운 역사 문화공간이 만들어지고 그래서 조금은 달라져야 할 미래의 중구에서 '야구장'은 이제 어쩌면 하나밖에 남지 않은 숨통이 될 것입니다.

대전시장님, 대전시 공무원님. 무엇보다도 모든 대전시민의 쉼터가 되고 문화를 즐기는 드림파크로서 야구장이 자리 잡아야 합니다. 대전시 전체가 활력을 찾고, 특히 우리 몸 한 부분이 곪아있거나 부

족하다면 새 살을 돋게 하는 '부활하는 꿈의 구장(revital dream park)'
이 되어야 합니다. 도시재생의 관점에서 함께 모두가 행복한, 모두
가 활력 넘치는 그런 판단 기대하겠습니다.

(디트뉴스24 '19. 03. 13)

광장은 광장이어야 하지 않을까?

1984년 대학 입학 후 얼마 지나서다. 도서관 앞 광장, 아크로폴리스에 사람들이 모여 있다. 그리고 곳곳에 자리를 잡은 나무를 뽑아댄다. 장미나무가 대부분이란다.

'꽃이 피면 예쁠 텐데, 왜 뽑을까?' 생각하며 많은 이들이 함께 나무 심는 것은 봤어도 나무 뽑는 것은 못 본지라 그저 의아함만 안은 채 물끄러미 바라본다.

왜 나무를 뽑는지를 아는 데에는 그리 오래 걸리지 않았다. 군가를 개사한 노래를 부른다.

"장미꽃 만발한 아크로폴리스, 쇠창살 둘러진 면학의 도서관. 붉은 피 흘리던 날~~"

선배가 설명해줬다. 그렇다. 학교 내에 사복경찰이 상주함에도 그것도 부족하여 드넓은 토론의 광장, 민주의 광장에 집회를 막기 위해 가시가 돋친 장미나무를 촘촘히 심고, 도서관에 창살을 드리워 시위를 금하게 하는 그 암흑의 역사에, 1984년 대학 자율화와 학교에서의 사복경찰 철수가 시작되자마자 행동으로 보여준 '광장의 나무뽑기'는 학생들이 할 수 있는, 그리고 해야 할 민주화를 향한 첫 절규였을 듯싶다.

광화문광장에 보수단체의 천막농성을 막기 위해 80개의 초대형 화분을 빼곡하게 놓는단다. 기분이 묘하다. 하루 빨리 광장의 모습으로 돌아가길 바랄 뿐이다. 시위를 막기 위해 장미를 심은 과거의 역사를 똑같이 반복하는 듯싶어 언짢다.

광장 이야기 하나 더 해볼까? 1984년의 장미나무 뽑는 기억이 지워지지 않는지, 나는 대전역을 다닐 때마다 드는 생각이 있다. 이리 (익산)역 열차 폭발 사고로 인하여 새로 지은 익산역 다음으로 넓었다는 대전역 광장을 왜 좁은 공간으로 만들어 놓았을까? 하는 생각을 갖곤 한다.

교통정책의 필요성과 주변지역의 정리를 이야기 하겠지만, 그 안엔 역시 광장문화, 집회의 공간 활용을 거부하던 독재시절의 잔상이 남아있던 것은 아니었을까? 하는 생각을 해본다.

택시 주차장 등 편의시설을 포함해서 새로이 공간을 조정하여 과거 드넓었던 대전역 광장을 복원하는 것이 도시 문화적 차원에서도 낫지 않을까? 하는 생각을 해본다.

광장은 광장이었으면 좋겠다.

('19. 07. 02 노트에서)

대전발 뉴마케팅의 시작,
칼국수정식이 어떠한가?

　대전을 방문한 문재인 대통령은 지역 경제인들과 칼국수 집에서 오찬을 했다. 대통령은 칼국수와 김밥, 수육 등으로 식사를 하며 "맛있다"를 연발하고 식사 후엔 주방에 들러 "정말 맛있게 먹었다. 고맙다"고 인사까지 했다고 한다.

　대통령 방문 시 오찬 메뉴로 선정됐듯 칼국수는 가히 대전을 대표할 만한 음식이다. 그리고 대통령도 인정하듯 대전의 칼국수는 정말 맛있는 음식이다. 2년 전 어느 기사를 보니 대전엔 칼국수집이 1,700여 곳에 이른다고 한다. 칼국수 종류도 20여종에 달하며 50년 이상 맛을 지켜온 칼국수집도 상당수이다. 이렇게 칼국수는 대전의 자랑이며, 특히 옛 도심의 자산이다. 맛도 있고 추억이 있고, 집마다 독특한 색깔이 있다. 그런데 늘 아쉬운 것이 있다. '칼국수 마케팅'이다.

　중구청은 가을날 칼국수축제를 이어가는 등 마케팅활동을 지원한다. 업소에 따라선 능력껏 히트 보증상품 백종원 씨를 활용한 마케팅도 펼치고 매장 특색에 맞게 자체 SNS마케팅도 진행한다. 그러나 여전히 아쉬움이 느껴진다. 가장 큰 원인은 '전 국민의 대전칼국수'에 대한 바람일 것이다. 대전을 방문하면 반드시 먹어야 할, 전 국민의 입맛을 당기는 대전의 칼국수로 자리 잡았으면 하는 아쉬움이다.

'19년 〈국민여행조사보고서〉에 따르면, 국민들의 여행비용 중 음식비가 차지한 비중이 40.5%에 달하고, 특히 당일여행의 경우 46.6%로 6.01%포인트 높다. 세대별로는 20~30대가 타세대보다 2% 포인트 전후 높은 것으로 조사됐다. 음식이 여행지 선택의 중요한 이유가 되기도 한다. 여행지 선택이유로 음식은 19.9%(중복응답)로 여행지명도(42.2%)나 볼거리(44%)보다는 떨어지나 여행경비(15.6%), 숙박(6.6%), 교통(9.5%), 쇼핑(3.2%) 보다는 높다.

그런데 대전으로선 아쉬움이 크다. 여행지별 전반적 만족도에서 대구(75.0점)와 함께 76.0점으로 최하위권이라는 점이다. 최고 높은 수준인 광주(83.8점)와 제주(81.6점) 대비 차이가 크다. 당일여행의 경우도 역시 74.4%로 가장 낮다. 이런 낮은 만족도는 재방문 의향률 역시 72.8점으로 대구(73.1점)와 함께 최하위, 타인추천 의향률에서도 69.7점으로 세종(68.6점), 대구(69.2점)와 함께 최하위를 형성하고 있다.

최근 국민여행조사에는 항목별 만족도를 조사하지 않으나, '17년도 조사를 들여다보면 어느 정도 이유를 알 수 있다. 조사결과 대전은 문화유산, 관광종사자 친절성, 쇼핑, 관광지 혼잡도 만족도는 전국수준과 비슷했다. 그러나 5점 척도 기준으로 식당 및 음식은 전국 3.92 대비 3.72, 숙박시설은 4.05 대비 3.25로 만족도가 전국 최하위

수준이었다. 결국은 숙박과 함께 음식이 대전여행에 대한 만족도를 저하시켰다는 의미다.

음식은 전국 각지의 사람을 불러들이는 힘이며, 도시에 대한 만족도를 결정하는 중요한 척도가 되고 있다. 그런 면에서 대전의 칼국수는 더 이상 대전 시민만의 자랑에 머물러선 안 된다. 전 국민을 유혹하는 마케팅상품이 되어야 하며, 대전 밖 사람들이 와서 돈을 풀게 하는 상품으로 다시 태어나야 한다.

전라도는 음식문화가 발달했고, 대전은 먹을거리가 애초부터 빈약했다는 말을 하곤 한다. 그러나 과거엔 그랬을지언정 지금도 이 말이 맞을까 싶다. 우리는 조선시대 3대 음식 중 으뜸으로 손꼽았다는 전주비빔밥 정식을 찾아 전주로 간다. 광주에 가면 떡갈비정식을 찾는다. 그러나 전국 어디서나 맛볼 수 있는 기본 반찬에 고기와 찌개, 그리고 여기에 올라오는 그 지역특화음식 비빔밥이나 떡갈비, 이를 접하며 나는 옛 역사와 전통 속에서 내려온 문화를 담은 음식이라기보다는 현대 마케팅의 찬란한 조합에 다름 아닐까 하는 생각을 한다.

그리고 나는 이 정식을 먹으며 대전의 자랑 칼국수는 왜 이를 못할까 하는 생각에 다다른다. 비빔밥정식이나 떡갈비정식처럼 대전도 '칼국수정식'이 어떨까 하는 생각. 단품 칼국수가 아니라 정식으로 거듭난 칼국수 말이다. 전주비빔밥처럼 기본 반찬 가득 펼치고, 전채(前菜, 에피타이저)로 꽁보리밥이나 연두부, 도토리묵국이 먼저 나온 후, 두부오징어두루치기에 수육이 등장하고, 메인식사로 칼국수를 제법 폼이 나는 용기에 담아 나온다면, 그리고 마지막 후식으로 간단한 차가 나온다면 전주비빔밥정식 그 이상의 정식이 아닐까 싶다. 언급한 부대요리는 대전의 칼국수집에서 자주 볼 수 있는 음식이다. 이를 잘 융합하여 '정식'이란 고부가가치 상품으로 업그레이드시켜보자는 생각이다.

특히 비즈니스나 다소 의전이 필요한 점심자리에 이 정도의 칼국수정식이라면 손색없는 식사가 되지 않을까 싶다. 이 정도 상차림이면 고기를 즐기고 인증샷과 함께 먹방(먹는 방송)이 기본인 2030세대 고객이나 여행객에게도 그럴싸한 한상차림이 되지 않을까 싶다. 나는 추억의 칼국수도 중요하지만 이제는 2030세대도 즐기는 젊은 칼국수가 되어야 한다는 생각을 갖는다.

적어도 대통령에게 보여주고 싶고, 대통령이 인정한 칼국수라면 단지 1회성 행사에 그치거나 이를 자랑만 할 것이 아니라 대전의 대표식품이 될 수 있도록 행정이 할 수 있는 범위 내에서 적극 나서야 한다. 지역 대표 특화상품으로서 길을 열고 칼국수업체 소상공인들의 상품화전략과 마케팅전략을 수립하는 지원부대 역할에 발 벗고 나서야 한다. 보다 적극적인 상품화 연구개발을 위해 칼국수연구소도 만들 필요가 있다. 칼국수축제도 지역축제로서의 시각을 탈피해서 멋과 맛과 흥으로 전 국민의 관심을 받을만한 꺼리를 발굴해 국민적 축제를 준비해야 한다.

발상의 전환이 필요하다. 그 새로운 시작, 칼국수정식이 어떠한가? 무거운 담론이 아니라 우리 주변 가까운 소재로부터 대전경제 활성화의 닻을 올려 보자.

(디트뉴스24 '21. 2. 8)

2

기획이 반이다

10년, 20년 후
대전의 그림을 준비할 때다

통계청은 대전인구가 '45년엔 152만명으로, '15년 154만명 대비 2만명 감소할 것이라고 전망했다. '20년 152만명으로 줄다가, '25년엔 다시 154만명, '30년 156만명으로 정점을 이룬 후 결국 감소한다는 예측이다. 발표된 통계청의 '15~'45년 장래인구추계' 중 충청권, 특히 대전의 전망을 보면 몇 가지 의미심장한 내용을 발견할 수 있다.

첫째, 대전은 국가전체 인구흐름과 거의 일치한다. 전체인구는 '15년 5,101만명에서 '30년 5,294만명을 정점으로 이루다 '45년 5,105만명으로 줄어든다. 전체 흐름이 대전을 따르는 것인지, 대전이 전체 흐름을 따르는 것인지 묘하게 일치한다. 이는 곧 대전이 대한민국 인구정책, 도시정책의 척도가 될 수 있음을 의미한다.

둘째, 같은 충청권이지만 대전과는 달리 세종과 충남북 인구는 꾸준히 늘어날 전망이다. 세종은 '15년 19만명에서 '45년 56만명으로, 충남은 210만명에서 242만명으로, 충북은 159만명에서 172만명으로 증가될 전망된다. 이는 인구 측면에선, 충청의 무게 중심이 점차 대전에서 이탈함을 의미한다. 행정 등 수도권의 기능이 세종으로 이전되고, 충북 오송은 8도(道) 교통의 중심으로 전환되고 있으며, 충남은 더 이상 대전이 방게도시가 아니라 수노권중부벨트를 형성, 경제·사회·문화 모든 측면에서 수도권화 되고 있다.

셋째, 15세에서 64세까지 생산가능인구에서 세종시의 상승(142%)을 제외하곤 전국이 전체적으로 심각하게 감소(-26%)되는 속에 대전 역시 '15년 115만명에서 '45년 86만명으로 25% 감소할 전망이다. 부산(-38%), 대구(-37%), 서울(-33%)보단 덜하지만, 충남(-15%), 경기(-17%), 인천(-19.5%)대비 문제가 크다. 저출산·고령화 문제에 더하여 서울과 영·호남지역 청·장년의 인구가 경기중부권에 유출되는 가운데 대전은 그 경계에 놓여있다.

'인구문제는 국가전체 문제인데 대전만이 어찌할 방법이 없지 않은가?', '모든 문제를 인구문제로 말해선 곤란한 것 아닌가?', '과거 잘 나가던 서울·부산·대구와 같은 도시보단 낫지 않은가?' 이렇게 말하는 사람도 있을 것이다. 그러나 이런 소극적 사고는 결국 대전을 낡은 도시로 만들 것이다. '올드(old)하면 다 망한다"는 말처럼, 낡은 패러다임에 갇힌 도시는 도태된다. 위기의식으로 변화를 꾀해야 한다. 나는 대전의 변화방향을 통계청발표에서 나온 3가지 의미에서 찾고자 한다.

우선, 대전의 인구추이는 국가 인구추이의 축소판이라는 인식하에 중앙정부와 대전시는 대전을 국가 인구정책의 척도로 활용하는 노력을 함께 전개해야 할 것이다. 저출산 해소와 함께 고령화, 주민 복지개선 등 인구정책 노력을 전개하는데 대전을 기준도시화하고 정책의 시범도시로 활용해야 한다. 대전을 모델로 대전시와 중앙정부는 다양한 인구 및 도시정책 개발공조, 선도사업 추진, 사업과 인구변화에의 영향측정 등 모니터링사업을 함께 추진해야 할 것이다. 인구정책에 관한 한 국가 흐름에 따라가는 것이 아니라 국가흐름을 끌어가는 대전이 되어야 한다. 이것은 국가의 미래에 관련된 문제다.

둘째, 경기도와 함께 확대발전의 길을 걷는 충청권내에 소외되고 있는 대전의 상대적 박탈감을 최소화해야 한다. 호남선 정차 문제에 힘이 밀린 서대전역엔 사람이 뜸하고, 서부터미널은 그 기능을 거의 상실했고, 의욕적으로 추진하려던 유성복합터미널도 무산되었다. 사통팔달 교통의 중심에서 출발, 과학기술의 중심에 국방·행정기능까지 옆에 두었던 대전의 위상이 많이 떨어지고 있다. 이것은 정치력과 행정추진력의 문제다. 소위 '힘'과 '깡'이 없는 것이 문제다. 중심기능을 되찾든, 다른 새로운 중심 기능을 만들든 대전 정관계 인사들은 비상한 각오를 세워야 한다.

셋째, 대전은 생산가능인구의 지속적 유입 방안을 만드는데 정책의 최우선을 둬야 한다. 일자리가 없다면 생산가능인구는 빠져나간다. 지금 살고 있는 사람들을 위한 도시 가꾸기도 중요하지만 새로운 사람들이 와서 살고, 외지 사람들이 관광으로 많이 찾기에 새로운 일자리가 늘어나고 돈이 돌아가는 대전을 만들어가야 한다. 선거철에나 떠들지 공공기관이나 대기업 유치와 같은 일이 그리 쉬운 게 아니다. 건설공사도 포화상태다. 결국 문화가 답이다. 대전을 지속적으로 찾게 하는 꺼리를 만들어 상품화하고, 이를 스토리화해야 한다. 그리고 지속적으로 홍보하고 마케팅을 해야 한다.

구슬이 서말이라 해도 꿰어야 보배란 말이 있다. 구슬만 가진 사람, 꿰는 방법을 모르는 사람에게 구슬은 단지 구슬일 뿐이다. 도시도 마찬가지 운명이다. 선거용 표를 쫓아서 그때그때의 구슬만지기론 답이 나오지 않는다. 10년, 20년 후의 대전의 그림을 준비할 때다. 꿰어진 보배를 그리고, 한해 한해 구슬을 꿰는 작업을 해보자. 상상력으로 첫 구슬을 꿰고, 선도적인 자세로 추진해보자.

(굿모닝충청 '17. 06. 26)

정파는 달라도 지역 문제엔 한목소리여야 한다

'17년 호남선 KTX 서대전-논산 직선화 사업으로 1억원의 '사업 타당성 용역비'가 편성되어 관심을 끈 적이 있다. 그런데 비슷한 즈음, 호남선 KTX 무안공항 우회사업은 1조 1천억원의 예산을 따냈다. 무력감을 느끼는 순간이며, 1억원의 예산은 어쩌면 무안스럽기조차 하다.

힘없는 대전 걱정은 나만의 기우일까? 정치나 행정에 대한 걱정이 많다. 목소리 힘껏 중앙에 뜻을 전달하지 못하는 듯하고, 그렇기에 중앙에서도 대전의 요구에 귀를 기울이지 않는 듯하다. 그렇다고 더 이상 손을 놓고 있을 순 없다. 어쨌거나 대전을 지키고 키워내야 한다. 대전의 위상회복은 더 이상 늦출 수 없는 절체절명의 현실이다. 선거에서 비전을 제시하고 추진력이 돋보이는 지역일꾼들을 뽑아야 하는 이유가 여기에 있을 듯싶다. 그리고 설혹 소속정당이 다르더라도 당의 입장에 눈치만 볼 게 아니라 대전의 미래와 시민의 삶의 증진을 위해선 한 목소리를 냈으면 좋겠다.

나는 대전의 위상회복은 과거부터 쌓아온 '중심성'의 복원에 있다고 믿는다. 대전은 대한민국 중심도시였다. 그러나 최근 그 중심의 위치가 흔들린다. 인구수의 감소는 대전의 위기를 반영하고 있다. 1989년 대덕구를 편입해서 5개구의 직할시가 된 대전은 1990년 106만, KTX가 완공된 '04년 145만으로 비약적으로 성장하나, 그 성장세가 둔화 '14년 9월 153만의 정점을 찍은 이래 150만명 이하로 떨어졌다. 유성구만 인구가 늘지 나머지 4개구는 줄어들고 있다. 어디에서 '중심성의 복원'을 찾아야 할까? 나는 그 방향성을 세 가지에서 찾고자 한다.

첫째, 대전은 대한민국 과학발전의 요람이며, 과학은 대전의 미래다. 명실상부한 과학수도로 자리 잡아야 한다. 대한민국 과학전략을 설계하고 국가기반 산업의 연구개발을 끌어가야 한다. 4차산업혁명을 준비하는 시대, 대전시는 '4차산업혁명특별시'를 선포했다. 진정한 특별시가 되려면 과학의 총괄적 기능을 수행하는 기관이 있어야 한다. 대전의 막강한 물적·인적 인프라를 컨트롤하여 업무의 집적 및 효율성을 높이는 것이 국가적으로도 바람직하다. 아울러 부로 승격된 중소벤처기업부의 세종이전 논의를 무력화해야 한다. 중소벤처기업정책은 정부의 핵심정책이다. 그것을 뺏겨선 안 된다.

둘째, 교통의 중심, 소통의 허브 위상을 되찾아야 한다. 대전은 서울·수도권과 영·호남을 잇는 가교였으나, KTX 서대전역사 경유 대폭 축소와 SRT 서대전역사 미(未)경유 등 최근의 교통 중심에서의 일탈징후에 주목해야 한다. 게다가 유성터미널 신축사업이 난항에 빠졌다. 대전은 과거 지리적 이점을 활용하여 전국 교통의 중심기능을 수행했고 이것이 발전의 원동력이 되었다. 최근 교통 중심기능이 약화되면서 경제의 활력을 잃고, 발전은 지체되는 상황이다. 교통허브의 기능을 복원해야한다. 경부·호남 KTX노선 재조정, 서대전-논산 구간 직선화, 유성복합터미널 사업 등 현안사업에 정치와 행정이 한목소리를 내야한다.

셋째, 충남도청에 문화재청 청사를 유치해야 한다. 대전은 선비문화, 효(孝)문화 등 과거의 사회문화적 자산은 물론, 격동의 근현대사에 도시성장의 대표적 모델로서, 그리고 과학과 문화가 융복합된 창조적 미래 문화를 이끌어온 도시다. 이미 중소벤처기업부는 동구와 중구 일대를 근대문화예술특구로 지정했고 대전시 역시 '21년까지 460억원을 들여 관광명소로 만들겠다고 발표했다. 여기에 미래 먹거리 창출을 위한 '융·복합 콘텐츠'산업 육성전략을 덧붙여, 기획·개발, 제작·사업화, 구현·소비, 인재육성·기술개발의 모든 가치사슬이 유기적으로 연계되는 선순환 구조를 만드는 것이 필요하다. 그리고 중앙로 일대 건물에 콘텐츠파크, 융복합공연장, 상업 및 교육시설 등 부대시설을 만든다면 어떨까? 원도심이 달라진다. 대전이 달라진다.

우리 스스로 찾아와야 한다. 대전의 비전과 발전의 실익 앞에 한목소리를 내야 한다. 선거일꾼들도 대전시민의 이익을 생각하며 한마음으로 뛰어야 한다.

(굿모닝충청 '18. 01. 01)

새해, 지방정부가 채워야 할 것들

새로운 시장의 대전시정, 이제 6개월이다. '초기인데 좀 봐줘야지?'하는 옹호론도 있지만, '하나만 보면 열을 안다'고 사례들을 들이대며 비판하는 목소리도 는다. 다른 시각에선 충분히 해명할 수도 있겠지만, 언론과 주변에서 들은 쓴소리를 10개만 나열해본다.

1. 내년은 '대전방문의 해'인데 별반 준비 노력이 안 보인다.
2. 트램 전환이 더 문제지만, 트램 소식도 무소식이고 도시철도 2호선 전략이 안 보인다.
3. 월평공원 문제, 공론을 모아가는 조정능력이 안 보인다.
4. 야구장 문제, 기초자치단체에 불만 지르고 정작 시(市)의 방향과 세부계획은 안 보인다.
5. 최악의 취업률과 실업자 문제, 어떻게 극복할지 뚜렷한 대책이 안 보인다.
6. 4차산업특별시라는데 과학벨트예산은 줄고 그 실체가 안 보인다.

7. 세종역사, 세종과 충북은 제 목소리를 내는데 대전은 안 들린다.

8. 몇 개 기관장 인사를 보니 지역 인재가 적고 인재를 쓰는 원칙도 안 보인다.

9. 중앙정부와의 네트워크가 탄탄하고 넓다는 소리가 안 들린다.

10. 당초엔 자주 하기로 했는데 언론인과의 소통도 별로 안 보인다.

준비, 전략, 대책, 실체, 원칙, 관계, 소통이 안 보인다니, 이러다 보면 능력이 없다고 나올 수도 있겠다. 그러나 6개월도 안되었는데 하나둘 들이대며 전체가 형편없다고 치부하면 너무도 야박하다. 전임 시장에게 이어받았기에 직접 책임질 문제가 아닌 것도 많고, 짧은 재임기간이었기에 섣부른 판단과 실행보다는 상황 파악에 신중한 것이 차라리 나을 수 있다.

그러나 왜 이런 소리가 들리는지, 무엇이 문제고 내년엔 어떻게 해야 하는지는 되새겨보는 것이 필요하다. 이런 불평은 답답했던 과거 시정을 털고 '새로운 대전'의 기대감 속의 조급함이 젊은 '새로운 시장'의 빠른 결정과 실천에 대한 기대로 향했기 때문일 것이다. 일부일지 모르겠지만 지적을 배척할 것이 아니라, '안 보이고, 안 들린다'라고 느낀 부분을 제대로 인식을 전환해주거나, 혹 인정되는 부분이라면 하나하나 채워나가면 되는 일이다. 시장의 '원맨쇼'가 아니라 시 전체가 '원팀'으로. 채워나가기 위해선 어떻게 해야 할까?

첫째, 잘 채워나가기 위해선 짧은 기간이지만, 재임기간 공과에 대해 객관적 '평가'를 하는 것이 필요하다. 우리의 행정은 평가에 인색하다. 예산도 없고 형식적이다. 추진 중이든 기획단계이든 그에

맞게 잘 기획되는지, 추진 중인지 냉정하게 평가해야한다. 위의 10
개를 예로 들었지만 스스로의 평가와 외부기관의 평가를 거치며 문
세가 있다면 개선책을 마련하는 것이 필요하다.

둘째, 공무원의 책임행정의 모습을 보여줘야 한다. 모든 책임을
윗선으로 돌리고 시민 또한 시장의 책임으로 눈을 향하게 하는 경
향이 있다. 시장에게 책임은 있지만 일의 추진 상에 전문적·위계적
책임은 누군가 져야 한다. 트램, 안산지구 등 가로막힌, 안 풀리는
현안뿐만 아니라 '대전방문의 해'와 같은 한시적 특별현안은 특히
책임행정이 필요하다. '대전방문의 해'는 다소 전문적 영역이되, 모
든 부서가 관계된 복합적 사안이다. 이런 사업은 '짜르'(로마제국의
부제를 뜻하는 Caesar에서 유래된 황제와 지역왕 사이의 직위)와 같이 전
문능력에 바탕한 권위로 부서와 관계기관을 지휘할만한 책임자가
필요하다.

셋째, 협업행정을 제대로 보여줘야 한다. '행정의 콜라보'다. 향후
2~3년간 대전은 새로운 성장이냐, 쇠퇴의 나락이냐가 결정되는 중요
한 시기다. 10월 현재 취업자 수는 762,000명으로 전년 동기 대비
1천명 감소했고, 경제활동 참가율(61.5%) 및 고용율(59%)은 전국(각
각 63.4%, 61.2%)대비 현저히 낮다. 청년취업율은 3/4분기 9.4%로 높
다. '17년 현재 3년간 소상공인 사업체는 8%(9천개)가 줄고 종사자는
43%(41천명)가 줄었다. 일자리창출과 경제살리기엔 시와 구가 다른
몸일 수 없다. 시와 시의회도 한배를 타야 한다. 시민단체도 하나로
가담해야 한다. 특히 '대전방문의 해' 사업은 뿌리공원, 계족산 황톳
길 등 대전만의 독창적인 여행인프라와 사이언스페스티벌 등 특색

있는 축제와 연계하여 연간 계획으로 운영될 수 있도록 구, 의회, 시민단체가 하나가 되는 계기가 되어야 한다.

넷째, 중앙을 향해 눈을 더욱 부릅떠야 한다. 이번에 2,411억원의 국비예산을 증액(8.5%)시킨 성과는 고무적인 일이다. 이런 노력이 계기가 되어 중앙정부와의 관계 강화에 박차를 가해야 한다. 시장부터 발 벗고 나서 여야 지역 국회의원은 물론 출향(出鄕) 고위공직자와 관계자들이 대전발전을 위해 뛰게끔 해야 한다. 대전 안·밖의 유력인재를 풀가동해야한다. 그들이 대전을 위해 일하게 해야 한다. 예산을 따오고 사업을 따와 대전의 일터가 돌아가게 해야 한다. 또한 수도권 사람들이 대전에 오게 하고 이들이 머물며 돈을 쓸 수 있도록 외부마케팅도 강화해야 한다.

다섯째, 3,500명의 공무원들이 근무하는 시청을 시장의 리더십이 제대로 통하는 곳으로 만들어야 한다. 많은 측면에서의 리더십이 있겠지만, 나는 '통 큰 리더십'을 권하고 싶다. 국무총리실에서 모신 이완구 국무총리의 리더십을 권하고 싶다. 이총리는 일반적 부처관할 업무는 국무조정실장에게 맡기고 대형 국정과제 등 핵심현안 중심으로 자신의 스타일로 일을 해나간다. 핵심사업 중심으로 선택과 집중을 통해 믿음직한 성공사례를 우선 만들 필요가 있다. 그 성공으로 공무원과 시민에게 믿음을 준다면 많은 일들을 수월하게 풀어나갈 수 있다. 반면 공무원은 좀 더 디테일(세부사항에 치밀)할 필요가 있다. '악마는 디테일에 있다'는 말이 있다. 디테일에 사고가 숨어있다. 디테일하게 해내려면 예상보다 많은 시간과 노력이 들기에 간혹 의사결정이 지연되기도 한다. 사고로, 의사결정지연으로 시장이 욕

먹을 때가 많다. 시장의 통큰 리더십과 공무원의 디테일함이 궁합이 맞는 시정이 되어야 한다.

　내년은 '황금돼지해'란다. 대전시민들에게 돼지꿈이 실현되는 한 해가 되었으면 좋겠다. 그것도 황금이 덮힌. 마찬가지로 황금돼지를 낳는 행정을 기대해본다.

(굿모닝충청 '18. 12. 24)

대전이 국방과학의 메카가 되는 길

경남에 지역균형발전 정책과제 국민보고대회를 갔을 때다. 환영 현수막 옆으로 몇 사람이 피켓시위를 한다. 〈천문연구원을 경남으로! 항공우주연구원을 경남으로!〉의 문구가 보인다. 행사장내부엔 〈국방기술진흥연구소 사수!〉 현수막이 걸려있다.

지역 균형발전특위 활동기간 내내 위원회 공식회의에서 항공우주청을 둘러싼 얘기는 끝이 없었다. 경남의 지역구 국회의원인 한 특위 위원은 지속적으로 항공우주청 경남유치를 강조했다. 대통령의 경남지역 7대 공약사안인 항공우주청 유치에 대해 대전에서 왜 지역현안으로 삼고 있는지 불만을 토로했다. 대전으로 이전키로 한 방위사업청의 진주 이전을 경남에서 제기해도 좋은지 반문했다.

대통령이 방위사업청을 대전에 이전하고, 항공우주청을 경남사천에 신설하기로 약속한 것은 사실이며, 이들 약속은 각각 대전과 경남의 균형발전 15대 지역정책과제에 포함되어 있다. 그런데 양쪽 모두 반대주장이 확대되어 상대를 자극한다. 경남에선 대전에 있는 천문연구원과 항공우주연구원 이전을, 대전에선 경남에 있는 국방기술진흥연구소 이전을 제기하고 나왔다. 이들 주장은 대통령공약에 없나. 일부 시덕정책과제의 세부내용에 기재되었으나 확정된 사안은 아니다. 공공기관 이전을 두고 지역 간 경쟁과 때론 불필요한 감정싸움으로 확대되는 대표적인 사례다.

새로운 지역혁신거점과 지역생태계를 만든다는 점에서 수도권에 집중된 공공기관의 지방이전은 계속되어야 한다. 그러나 지역 간 갈등을 일으키는 이전이어선 안 된다. 그리고 하나 더. 무조건 정부에만 기대선 안 된다. 윤석열 대통령은 균형발전업무보고에서 "지자체 스스로도 지역이전이 제대로 되게 하기 위해선 이전 대상 기관에 대해 지자체를 세일즈해야 한다"라고 말했다. 무조건 정부에 떠넘길 것이 아니라 지자체, 공공기관, 노조 등 이해관계자 간에 사회적 합의를 도출하고, 이전 기관과 이주 직원에 대한 지원방안을 마련해야 한다는 의미다.

대전이 이전을 약속받은 방위사업청 이야기를 해보자. 물론 기관 자체의 의미가 꽤 크다. 예산이 연간 17조원에 달하고 직원 또한 1,600여 명이다. 이미 윤 대통령은 "인근 계룡대에 3군본부가 있고, 국방과학연구소·항공우주연구원 등이 있는 대전에 방위사업청까지 옮겨 오면 대전은 실로 국방과학기술의 요람이 될 것"이라 말하며 기대감을 키웠다.

어떻게 국방과학기술 요람을 만들 것인가? 정부가 만들 때까지 기다릴 것인가? 아니다. 우리가 만들어야 한다. 어떻게 만들 것인가? 우리는 여기서 윤석열정부의 지역균형발전정책은 중앙정부주도에서 지자체와 지역사회 주도로, 관(官) 중심에서 민간의 자율혁신체제 강화로 국가의 성장 동력을 바꾼다는 데에 방점이 있음을 주목해야 한다. 그래서 특히나 방위사업청 유치를 계기로 국방과학 기회발전특구를 추진해야 한다.

지자체 스스로 어떤 발전 컨셉(concept)으로, 어느 지역에 특구를 만들지, 원활한 추진을 위해 어떻게 규제 프리(free)를 중앙에 요청할 것인가를 디자인한 후, 특구로 선정되어 기업에 대한 전례 없는 세제혜택 권한을 부여받아야 한다. 동시에 어떤 기업을 유치할지, 관련 산업을 어떻게 부흥시킬지, 지역생태계를 어떻게 꽃 피울지도 제대로 짜둬야 한다.

방위사업청 하나로 그치면 절대 안 된다. 내가 선거기간 방위사업청 이전을 강조한 것은 그 하나 때문만이 아니다. 사업영역을 확장하려는 충청기반의 한화디펜스와 대표적인 외국 군수산업체로 어떻게 영입하는가의 전략이 중요하다. 그리고 충남 남부지역에서 추진하는 스마트 국방 및 보안산업 클러스터와 연결하는 전략이 중요하다. 더 앞서 준비하고, 더 넓게 힘을 모아 국방과학 분야 국내외 기업유치전을 놓고 경남 등 다른 지역과 경쟁해야 한다. 국방과학의 중심에 충청이 우뚝 서야 한다. 결국 우리에게 달렸다.

(충청투데이 '22. 5. 17)

화창한 나의 도시를 꿈꾼다

대전이 '좋은 대전'이 되었으면 좋겠다. 좋은 도시가 되려면 지역 분권과 자치역량강화가 되어야 하며, 특히 거버넌스 주체의 역량을 키우고 그 주체가 네트워크가 되어 사회적 자본을 배양해야 한다. 지방행정의 현실과 대전의 현주소를 살펴보자. 대전시정 관계자에 겐 귀에 거슬릴 수 있겠다.

첫째, 지역분권이 강화되기 위해선 무엇보다도 돈이 중요하다. 과거 국세와 지방세의 비율이 8:2였으나 많은 논의를 거치며 현재는 7.5:2.5비율이다. 그러나 아직 멀었다. 이 비율은 점점 줄어들어야 한다. 최소 7:3, 아니 그 이상으로 줄어들어야 제대로 된 지역분권을 위한 기반이 조성될 수 있다. 이번 정부 들어서 400건의 행정사무가 지역으로 이양되었다. 의미가 있는 일이나 실질적인 사무이양을 위 해선 돈, 조직, 사람이 이양되어야 한다. 게다가 법과 시행령을 통해 중앙권력이 지방을 행정통제할 수 있는 여건이 여전하다. 중앙정부 는 뺏기지 않으려한다. 이런 문제를 해결하기 위해 정치권과 학계,

지방행정 관계자가 함께 힘을 모아야 한다.

둘째, 지방분권과 궤를 같이하여 지역의 자생적 힘을 키워야 한다. 즉 분권을 받을 수 있는 자치역량을 키워야 한다. 그런 면에서 대전시는 아직 갈 길이 멀다. 무엇보다 대전의 재정자립도는 37.07%에 불과하다. 이는 서울 77.88%의 반도 안 되며 대한민국 광역시 중 하위권이다. 기초자치단체는 더 심각하다. 동구는 10%대, 중구는 13%대, 대덕구는 17%대다. 물론 재정자립도는 인구수에 비례하는 측면이 강하나 지역의 국회의원과 단체장들은 이를 키움으로써 중앙권력에 좀 더 당당해질 필요가 있다.

자치역량강화를 위해 행정에선 주민의 참여를 강조한다. 주민참여예산과 사업, 교육들이 늘어간다. 그러나 참여에 부응하는 시정의 노력은 부족하다.

무엇보다 정보공개를 통한 시민과의 공유노력이 절실하다. 공개를 많이 한다고 하나 형식적 정보공개일 뿐 중요 사안에선 공유를 회피하고 슬그머니 사라지게 한다.

대표적인 것이 대전의 방사성폐기물(방폐물) 문제다. 나는 '18년의 한 칼럼에서 방폐물을 통한 '지역자원시설세' 통과를 위해 시정과 정치권이 힘을 모아야 한다고 문제를 제기했다. 이것이 이루어지면 연간 약 120억원의 세수가 생긴다. 방폐물 문제는 어쩌면 '쉬쉬'할 수 있는 문제이나 어쨌거나 보관되어 있는 상태라면 보상을 받아야 하는 권리의 문제다. 이후 대전정치권과 시당국에서 적극적인 노력으로 금방 해결할 수 있을 것처럼 추진경과를 발표했다. 그러나 그 이후 무소식이다. 산자부와 기재부의 난색이 컸기 때문이다. 반짝 일회성 행정실적으로 발표만 하지마라.

추진하려 했던 사안은 그 결과 여부가 확정될 때까지 시민들에게 정보를 일러야 한다. 일의 성사보다 1년 반을 아무 소식이 없는 그 모습이 더 큰 문제라 생각한다. 시민참여만 독려하지 말고 시민의 관심거리에 시정도 정보공개로 참여하는 것이 바람직하다.

셋째 좋은 도시의 힘은 무엇보다 도시가 지닌 상상력에 있다고 본다. 국가도 도시도 혁신해나간다. 최근 대전도 혁신도시 지정을 위한 노력을 전개하고 있다. 그런데 무엇이 진정한 혁신도시일까? 혁신격차(innovation gap)란 말이 있다. 그 격차는 기술기반(technical base)과 생각기반(thinking base)의 차이에서 나온다고 생각한다.

과거엔 생각이 기술을 앞서갔다. 새처럼 하늘을 날고 싶었는데 실제 날 수 있는 기술이 만들어진 것은 130년 전이다. 디지털기술에 의하여 기술의 발전이 가히 혁명적이다. 4차산업혁명을 통해 이젠 기술이 오히려 생각을 압도한다. 생각기반을 끌어올려야 한다. 그 힘이 상상력이다. 대전은 늘 기술과학기반만 자랑해왔다. 국가적 역할과 지역 내 역할 사이에 있어 늘 논쟁중인 카이스트와 대덕연구단지의 자랑에만 기대해왔다. 중앙에선 그것이 대전 것이냐고 비판한다. 이 둘이 더욱 빛을 발하려면 대전의 생각기반, 특히 상상력을 붙여야 한다. 인문학을 키우고 예술문화를 부흥시켜야 한다. 가수도 자랑하고, 사람을 끌어당기는 젊은 감각의 문화공간도 자랑할 수 있어야 한다. 대전의 상상력으로 미래의 승부를 해야 하며 정치인, 행정관계자, 교육계, 시민사회, 문화계 모두가 발 벗고 나서야 한다.

코로나19로 우울하지만 '화창한 대한민국'을 꿈꾼다. 바이오, 환경 등 미래 먹거리 사업 등이 화창하게 번영하는 '화창한 대전'을 나는 꿈꾼다.

('19. 5. 31 노트에서)

생각하는 도시, 4가지를 담고 싶다

　건축가 유현준교수는 남대문은 재료가 오래된 나무이기 때문에 문화재가 된 것이 아니라고 말한다. 그 건축물을 만든 '생각'이 문화재인 것이고, 그 생각을 기념하기 위해서 결과물인 남대문을 문화재로 지정한 것이라고 말한다. 도시는 어떨까? 도시도 생각이 있다. 도시에 담은 생각을 보며 도시 안 사람들은 그 도시에 애증을 지니고, 도시 밖 사람들은 그 도시를 즐겨 찾거나 아예 관심밖에 둔다. 내가 태어난 나의 도시, 대전을 생각한다. 그 생각에 나는 때론 보배로운 도시로 설렘을 느끼기도, 때론 잿빛 하늘같은 답답함을 느끼기도 한다.

　첫째, 나의 도시엔 미래에 대한 '꿈'과 치밀한 '계획'이 담겨있으면 좋겠다. '22년부터 '대전은 본격 공사중'이다. 대표적인 것이 트램이다. 공사중이라 길이 막히는 짜증나는 도시일 수 있겠지만, 이것이 완성될 때엔 숨통이 트이는 도시였으면 좋겠다. 교통문제의 숨통이 아니다. 트램엔 두 개의 바퀴를 달아야 한다. 대전의 문화부흥이라는 바퀴와 미래 4차산업의 융성의 바퀴를 통해 대전의 미래발전의 숨통을 열어야 한다. 이를 위해선 무엇보다 정책추진에 있어서의 융합이 필요하다.

둘째, 나의 도시는 함께 발전해야 한다. '상생'이다. 대전은 '90년대 이후 성장 과정에서부터 지금까지 신·구도심 간 사회,경제적 지표의 불균형을 경험해 왔다. 새로운 대전의 발전전략은 이 문제점의 개선노력이 포함되어야 한다. 기존의 인프라와 대전이 지닌 DNA를 적극 활용하되, 이 과정에서 새로운 감각을 입히는 작업이 효율적이다. 새로운 개발로 새로운 인프라를 만드는 것보다 지금 대전이 필요한 것은 새로운 감각이다.

셋째, 나의 도시의 모든 정책의 수혜는 '사람'을 향해야 한다. 대전의 인구는 150만 아래로 내려왔다. 저출산·고령화도 예외가 없어, '40년의 대전의 생산가능인구는 현재의 120여만명에서 80여만명으로 줄어들 전망이다. 고도성장시대의 대전과 성숙시대의 대전은 근본적으로 다르다. 생산가능인구의 지속적 유입 방안을 만드는데 사력을 다해야 한다. 정책을 만드는 사람들도 중요하다, 이를 고민하는 전문가를 키워야 한다. 다양한 분야의 인적 자원을 개발하고 그 가치를 극대화해야 한다. 대전 지역에 전문가가 없으면 출신지나 국적을 가리지 않고 모셔 와야 한다.

넷째, 나의 도시엔 '상상'이 가득했으면 좋겠다. 대전은 자체 산업인프라가 강하지 않다. 수도권에 대기업 본사 매출액 상위 100대 기업 중 86곳, 인구의 1/3이 집중되어 있다. 중앙에서 돈을 끌어오는 것도 경쟁자가 많아졌다. 주변 천안, 오송, 세종이 커나가고 전국 지자체가 유치에 혈안이 되어있다. 결국 대전 스스로의 자생력을 키워야 하며 그 힘은 상상력에서 나온다. 상상력은 문화, 예술 등 창작 분야 종사자들이 전유물이 아니다. 기손의 틀을 깨고 새로움을 넣어보자.

이렇게 나의 도시엔 상상, 꿈과 계획, 상생이 담겨있고 사람을 향해야 한다고 믿는다. 나의 도시에 대한 생각은 때론 보배처럼, 때론 잿빛처럼 여전할 수 있겠다. 그러나 이런 생각을 함께 나누다 보면 나의 도시는 더욱 '생각하는 도시'로 변모할 듯싶다.

('19. 6. 1 노트에서)

광합성 도시를 기대한다

정치는 생물이라고들 말한다. 늘 변화무쌍하고 살아 숨쉬기 때문일 것이다. 나는 가끔 이런 엉뚱한 질문을 해본다. '생물이라면, 동물에 가까울까? 식물에 가까울까?' 스스로 움직일 수 있는 생물을 동물이라고 한다. 동물은 먹이를 구하고 짝짓기를 하기 위해 움직여야 한다. 스스로 영양분을 만들지 못하기 때문에 다른 생물을 먹어야만 살 수 있다. 그리고 살기 위해 영역을 지켜야 한다. 그렇지 않으면 자신이 죽는다. 서로 사이가 좋다가도 싸우고, 힘센 자에게 줄서기도 하고, 힘센 자가 몰락하기도 하고, 그래서 힘센 자는 자신의 영역을 세우기 위해 칼날을 휘두른다.

이런 면에서 확실히 정치는 동물에 가깝다. 정치는 그래서 제로섬게임이다. 승자가 있으면 패자가 있고, 승자가 모든 것을 갖는 (Winner takes it all) 세상이다. 이런 면에서 확실히 정치는 동물에 가깝다.

행정은 어떨까? 행정도 생물이다. 늘 살아 숨을 쉬고 변화해야한다. 그러나 그 변화는 늘 늦다. 한참 후에야 변화했음을 우리는 느낀다. 선거 때야 전쟁이지 그 이후 행정은 전쟁이 아니다. 그리고 정치와 깊은 진생이 되어선 안 된다. 행정은 생물 중에 식물에 가깝다. 행정은 제로섬이 아닌 시너지라고 믿는다. 그 시너지는 동물보다는 식물이 본성적으로 잘 가동된다.

식물은 동물처럼 움직이지는 못하지만, 스스로 필요한 영양분을 만들 수 있다. 엽록체에서 햇빛, 이산화탄소, 물을 이용해 에너지를 만들어 내는 광합성을 한다. 대전이라는 들판에서 수많은 꽃들이 창조적 인재와 안정적 예산과 새로운 투자유치로 광합성하고 이 위에 행정지원의 고랑을 파고 규제라는 잡초를 솎아내야 한다. 광합성을 통해 만든 영양분을 고스란히 국민에게 돌려주는 것이 국정이고, 시민들에게 돌려주는 것이 시정이다.

시정(市政)리더는 도시의 화려한 꽃밭을 시민에게 보여줘야 한다. 경제, 일자리, 복지, 문화, 환경, 과학, 건설 등 다양한 꽃들이 만발하도록 멀리서 강물을 끌어오고 저수지가 마르지 않도록 해야 한다. 동물성을 잠재우고 정치색과 정파에 구애받지 않고 침엽수와 활엽수, 큰 나무와 작은 풀, 자연수(自然樹)와 인조수(人造樹)가 공존할 수 있는 그 꽃밭을 보여줘야 한다. 그렇기에 리더의 언어는 승부수를 던지는 동물적 감각의 언어에서 시민을 아우르는 식물적 감각의 언어가 되어야 한다고 생각한다.

행정이 정치가 되면 도시는 불행해진다. 이념과 세대와 정치지향으로 나뉜 반쪽 도시가 된다. 바람직한 시민단체는 행정이 정치화되는 것을 막는 역할을 해야 한다고 믿는다. 그리고 경제, 문화예술,

사회 각 분야에서 시정의 영향분을 만드는데, 광합성을 하는데 작은 도움을 만드는 일에도 시민단체의 역할이 있다고 본다.

다양한 나무들이 함께 광합성을 하는 대전이라는 아름다운 숲을 만들어야 한다. 그런 아름다운 숲의 대전을 기대한다.

('19. 6. 2 노트에서)

3

미래를 선점하라

대전다운 사회적 가치를
키워 나갈 때다

대전에 큰 기회가 오고 있다. 국가의 흐름인 4차산업혁명, 행정 서비스 고도화, 지역균형발전 등 시대의 화두가 대전과 무관하거나 멀지 않다. 가장 어울리는 도시가 대전이고, 각각의 화두에 가장 인 프라가 잘되어 있는 선도할 만한 중심도시가 대전이다.

그런데 대전은 이 기회를 놓칠 수도 있겠다. 주변의 환경만큼이 나 주변도시의 경쟁력은 커져가는 반면, 대전은 침체된 인상이다. 사실 산업화시대엔 국가가 대전을 키운 측면이 강했다. 교통의 중심 이 되었고, 연구단지가 있어 국가의 R&D를 이끌었고, 국방의 도시 에 이어 행정의 도시가 바로 옆에 만들어졌다. 과거와는 차원이 다 른 엄청난 여건이 주변에 조성된 것은 사실이지만, 그만큼 대전이 발전하고 있다고 하기엔 뭔가 좀 부족하다.

결론부터 말하자면 나는 '국가의존형 발전모델'에서 이젠 발전을 거듭하는 주변 인프라를 대전발전의 기회로 만드는 '자강형 발전모 델'으로 변모해야 한다고 생각한다. 그리고 '혁신과 창의의 DNA'를 이식시키고, 의식의 토양을 바꿔야 한다고 믿는다. 이제 그 시작을 할 때다.

최근 대진에 위치한 소달정의 '전자조달지원센터'로 대전대학교 산학협력단이 선정되었다. 전자조달시스템의 운영은 물론, 관련 연구개발, 교육, 국제홍보 및 수출, 기타 수익사업 등을 추진하며, 사업예산은 '18년 약 31억원에 이후 연 50억원 이상으로 확대될 전망이다. 센터지정의 의미를 '포장'하자면, 대학·정부기관·지자체가 연계된 산학협력의 대표사례쯤 될 것이다. 그러나 내가 보는 더 솔직한 성과는 제3정부청사가 대전에 내려온 지 20여년 만에 처음으로 한 대학교가 '자신의 힘'으로 대형사업을 수주했다는 점이다.

제3청사가 있었기에 대전은 행정도시 소리를 듣곤 했다. 그러나 지금까지는 대전의 일자리로, 부와 자산으로 이어지진 못한 것이 사실이다. 센터가 지속되는 한 대전대생을 비롯, 양질의 청년일자리 창출이 가능하다.

관련 IT분야 창업과 교육, 취업연계 부가사업이 만들어지고, 정부기관·지자체·산업계·대학교의 활발한 사업교류로 지역경제 활성화에도 기여할 수도 있으니 획기적 일이다. 제3청사엔 조달청만 있는 것이 아니다. 관세청, 특허청, 산림청, 통계청, 문화재청을 비롯해 최근 승격된 중소기업벤처부가 있다. 대전대학교 사례가 확산되어 충남대, 한남대, 배재대, 목원대, 우송대, 건양대와 그 소속 산학협력단이 이들 정부기관과 각기 연결되어 국가사업을 진행하는 것을 '상상'해보라. IT사업만이 아니라 다양한 사업에 참여하여, 대전의 유능한 대학교가 국가동맥을 관리하는 중추가 되는 것을 '상상'해보라. 더 나아가 세종 정부청사까지 확산되어, 행정중심도시 세종시가 대전 옆에 있다는 자부심만이 아니라, 우리 젊은 대학졸업생들의 일자리가 되고, 창업이 활발해지고, 대전경제와도 함께하는 공생의 도시가 됨을 '상상'해보라.

나는 대전시가 긴 안목을 갖고 '상상'을 '현실'로 끌어왔으면 하는 바람이다. 대전시가 4차산업육성, 지방균형발전 등 현 정부 국정운영전략을 선도하려는 의지가 있다면, 대전대의 조달지원센터 유치가 단순한 일개 대학교의 일회성·지엽적 성과가 아니라 대전 전체로 파급·확산되고 지속가능한 사업모델이 될 수 있도록 고민해보고, 궁극적으로는 대전만의, 대전다운 '사회적 가치(social value)'의 확충 기회로 삼았으면 하는 희망이다.

대전만큼 사회적 가치 인프라를 잘 갖춘 도시는 드물다. 다양한 정부기관에, 대덕연구단지 등 연구소가 있다. 우수한 교육시설에, 인적자원이 있다. 특히 현직은 물론 연구단지와 공직 은퇴자 등 고학력 고경력 실버전문가가 많다. 그러나 이들 인프라가 지역주민의 경제 및 일자리를 넘어, 사회적 가치 공유로 파급 또는 선(善)순환되지 못해 아쉽다는 지적이 많다. 대전이 지닌 '과학도시' 자산을 발판으로, 새 정부가 강조하는 '4차산업혁명을 통해 과학기술발전과 미래성장산업을 적극 지원하고, 역동적 벤처생태계를 조성, 창의적 벤처기업과 혁신적 창업자 육성에 역점을 두는, 더불어 잘사는 경제'를 실질적으로 구현해야 한다.

나는 IT 및 과학기술을 기반으로 이를 사회적 가치로 확산하는 '디지털 거버넌스 플랫폼 센터구축을 제안한다. 어떤 센터인가? 무엇보다 기존의 돈쓰는 센터가 아니라, 일선에서 사업을 진두지휘하는 '돈 버는 센터'의 자생력을 갖춰야 한다.

이를 위해선 우선, 내선 소재 대학교 산학협력단들과 컨소시엄을 형성하여 대전·충청·세종권 정부 및 공공기관의 IT행정서비스사업을 공격적으로 유치해 나가야 한다. 아울러 정보통신, 바이오, 메카트로닉스, 첨단부품 등 대전시의 특성화산업과, 인공지능(AI), 클라우드기반 도시재생, 안전, 환경 등 다양한 사업을 대학교·중소벤처·창업기업의 협업 구조 속에 추진해 나가야 한다.

추진과정 속에서 센터는 대전시 발전과 시민의 삶의 증진을 위한 가치를 공유하고, 다양한 분야의 전문가가 참여하는 '공공경영'기반 활동을 추진하며, 지역발전과 공공이익추구 달성을 위한 강력한 규율이 유지되어야 한다.

'17년 국정감사가 끝나간다. 2년 전 국무총리실 재직시절, 대전을 대표하는 국회의원이 많은 시간을 할애해 미래창조과학부(현 과학기술정보통신부)의 세종시 이전을 강하게 제기하며, '약속'을 강조했던 기억이 난다. 배석했던 나는 '온다는 약속'보다는 솔직히 '세종에 오면 뭐가 대전에 도움이 될까?' 고민했었다. 그 이후로 나는 '세종시가, 제3청사가, 각종 공공기관이 대전발전과 대전경제에 어떤 긍정적 영향을 미칠까?', 그리고 '대전시는 이를 위해 무엇을 해야 할까?'에 고민을 이어갔다.

양질의 일자리 창출, 4차산업혁명 선도, 지자체 역량강화를 통한 지역균형발전은 우리의 미래다.

대전은 가장 좋은 인프라를 갖추고 있다.

지속가능하게 만드는 선순환 모델이 필요하고, 사회적 자본으로 단단하게 만드는 노력이 필요하다.

(굿모닝충청 '17. 11. 06)

디지털로 큰밭을 일궈라

대전시에 제안합니다. 이 글은 좀 길지 모르겠습니다. 글의 길이를 대전에 대한 애정의 길이로 봐주시면 고맙겠습니다. 거의 2년여 전부터 고민을 해왔고 작년 말부터는 시청도 드나들며 줄기차게 제안한 내용입니다. 나름 중앙부처와 다양한 관계분야 사람들을 만나왔습니다. 어느새 처음의 생각보단 제법 가다듬어진 듯합니다.

서울에서 이야기를 늘어놓다보면 '왜 굳이 대전이냐?' '지자체(대전)가 이 일에 꼭 들어갈 필요가 있나?'라는 소리를 듣기도 합니다. 그렇지만 천상 대전 사람이기에 대전이 했으면 좋겠고, 무엇보다 대전은 행정과 교육(대학교)과 과학(연구기관)의 3박자가 잘 갖춰진 대한민국 유일 도시이기 때문에 대전이 해야 한다는 소신을 피력하곤 합니다.

〈디지털 거버넌스 플랫폼 센터〉를 만들어야 합니다. 지난해 말 공식적으로 대전시를 찾았을 때는 'IT행정서비스 혁신센터'라는 이름이었는데 무언가 많이 발전된 듯한 느낌입니다. 이 센터가 할 일은 제 머리 속엔 세 가지입니다. 우수한 디지털 기반과 창의력으로 최고의 스마트도시를 만들어보는 노력, 대전소재 행정부처의 전자정부시스템을 수출하는 한류행정 첨병도시 역할, 그리고 관·학·연 협력의 디지털 거버넌스로 강한 IT생태계를 만드는 노력이 필요합니다. 중앙을 오가다 보니 다소는 풍성해졌습니다. 앞으로 더 늘어날 수 있습니다. 왜냐하면 그만큼 세상은 빠른 속도로 변화하기 때문입니다.

첫째, 스마트시티사업입니다. 대통령직속 4차산업혁명위원회가 부산과 세종을 스마트시티 국가시범도시로 선정한 바 있습니다. 그리고 국토교통부도 스마트챌린지사업이라 하여 몇 개 도시를 선정했는데 대전도 이에 포함되어 있습니다. 그런데 나는 스마트시티가 제대로 구현되려면 궁극적으론 민간기업이 움직여야 한다는 생각을 갖고 있습니다. 단언컨데 지금까지의 관주도 스마트시티사업은 거의 획일적인, 전혀 스마트하지 않은 방식일 것이라는 예상을 합니다. 인건비 등 정부기준에 맞춘 예산편성, 서류 맞추기식 과정관리, 획일적 평가 등 기획에서 평가까지 거의 판에 박은 기획일 것이라 예상합니다. 창의적이지 못하다는 얘기를 관련부처에 계신 분들로부터 실제로도 많이 듣습니다.

이젠 조금씩 민간이 움직일 때가 되었습니다. 창의성이 있는 민간기업이 주도하고 관이 협조하고 참여하는 방식이 필요합니다. 그런데 민간이 주도하려면 사업성이 있어야 합니다. 민간이 그림을 그려 사업을 주도하되 초기단계이기에 정부부처가 자금을 지원하고 지자체가 지역공간과 각종 인프라를 지원하는 형태도 필요해 보입니다. 작은 단위에서 테스트베드도 거치고 좀더 큰 범위로 확산하는 전략도 필요해보입니다. 정부부처로부터 감 떨어지기를 기다릴 것이 아니라 민간의 투자와 킹의직인 머리를 끌어오는 것을 선도하는 지자체가 진정한 미래 스마트시티의 강자가 될 것입니다. 대전은 이 노력을 해야 합니다.

둘째, 행정한류 사업입니다. 대전은 그 전진기지가 되어야 합니다. 나는 아프리카와 아시아권 저개발국의 전자조달분야 공무원 연수사업을 진행하고 있습니다. 최근엔 코넵스(나라장터의 해외명)가 구축된 튀니지에 그 성과를 지식 공유하는 사업을 한국개발연구원(KDI)과 진행했고 8월이면 마무리가 됩니다. 그런데 진행하며 느낀 고민은 해외원조자금으로 몇 십억원을 투자하여 저개발국에 전자정부시스템을 구축했지만 예산부족(구축비의 10%)으로 사후관리가 제대로 안 되고 있음을 발견할 수 있었습니다.

이런 경우와 같지요. 원조자금으로 아프리카에 보건의료시설을 지어주었는데 이후 유지관리를 위한 의약품 등의 지원이 안 되니까 보건소엔 거의 먼지가 쌓여있는 것과 같은 꼴입니다. 물론 이 정도 만들어주었으면 수원국(受援國)에서 유지정도는 해야 하지 않나 생각은 들지만, 생각보다 많이 힘든 나라가 대부분입니다. 사후관리를 제대로 하기 위해 전자정부시스템이 구축된 나라 간의 네트워크도 만들고 한국에서의 원격관리시스템도 구상해보고 그들 국가 공무원들을 지속 교육시키는 것이 필요합니다.

그리고 각국별로도 우리나라 시스템이 하나만 나가 있는 경우도 있지만, 관세 특허 지리정보 등 다양한 시스템이 나가 있는 경우도 많습니다. 이를 각각 관리하는 것이 아니라 통합관리하는 것이 필요해보입니다. 이것이 부처융합사업이고 국가예산을 절감하는 길입니다. 잘 만들어놓은 우리의 전자정부시스템을 제대로 돌아가게 하고, 이런 것들이 쌓여 수원국이 일본이나 중국이 아닌 대한민국을 더욱 좋아하게 되고 대한민국 기업과 제품을 쓰게 하는 이런 장기적 포석의 노력이 필요합니다. 이것이 우리의 국력입니다.

대전엔 정부 제3청사와 주변에 세종청사가 있습니다. 대전은 가까이에 있는 이 우수한 우리나라 전자정부시스템의 수출기지가 되어야 합니다. 지자체가 이 일을 맡아 할 수 있다면 대전은 탁월한 입지조건을 갖고 있는 셈입니다.

셋째, 행정기관이 옆에 있기에 대전은 IT행정서비스분야를 관학협력사업으로 선도해 나가야 합니다. 대전엔 19개 대학이 있습니다. 이는 엄청난 자산이며, 이를 활용해야 합니다. 정부기관에 대한 시각을 바꿔 그저 대전 내외에 '존재하는 기관'이 아니라 비지니스 협업구조를 만들어 '돈과 일자리가 되는 기관'으로 만들어야 합니다.

내가 소속된 '18년 1월1일 출범한 대전대학교 산학협력단의 '전자조달지원센터'는 IT분야 대표적 관·학협력모델이 될 수 있습니다. 조달청의 전자조달시스템 운영과 R&D, 교육을 사업모델로 하는 이 센터의 출범은 곧 제3청사에 있는 정부기관과 연계, 전자 산림·통계·관세·특허 지원센터가 가능하고, 세종의 정부청사까지 영역을 확장할 수 있다는 의미를 지닙니다. 이는 충남대, 한밭대, 한남대, 배재대, 우송대 등 대학교가 정부기관의 다양한 국가사업을 진행할 수 있는 모범적 사례가 될 수 있습니다. 향후엔 대덕단지 등과 강한 협력체계를 이루어 IT행정서비스 뿐만이 아니라 다양한 사업에 관·학·연이 함께 하는 길을 열어야 합니다. 정보통신, 바이오, 메카트로닉스, 첨단부품 등 대전시의 특성화산업과 함께 AI, 블록체인, 클라우드기반 도시재생, 안전, 환경 등 다양한 사업을 추진하며 관·학·연 협력인프라 위에 창업기업의 씨를 뿌리고 강소벤처의 열매를 키워야 합니다.

하루아침에 이룰 수는 없습니다. 그러나 이러한 방향 하에 하나하나 해나가다 보면 기회가 열립니다. 대전은 타지자체에 비해 이 분야에 압도적인 경쟁력을 지닐 수 있습니다. 이런 기회를 열어가는 〈디지털 거버넌스 플랫폼 센터〉를 진심으로 대전시에 제안합니다.

어느 기관을 방문했을 때 책임자급 공무원과의 대화가 생각납니다.

- 그: 매우 좋은 발상인데 직접 사업을 하시면 되지 않습니까?
- 나: 나는 사업하는 사람이 아니라서 그런지 쉽지 않습니다. 그런데 꼭 이일은 대한민국이 했으면 좋겠습니다. 만약 이 일이 타당하다 생각되시면 귀 기관에서 해도 좋습니다. 제가 돕겠습니다.
- 그: ...
- 나: 이런 고민한지 벌써 2년 가까이 되고 올해는 정말 많은 분들을 만나고 응원의 소리도 제법 들었습니다. 그런데 올해 나머지 몇 개월만 더욱 최선으로 뛰어보고 만약 안되면 접어야 되지 않을까 싶습니다. 너무 힘드네요.

• 그 : 그러지 마세요. 제발. 포기하지 말고 계속 해주세요. 무언
  가 일에 미친 사람이 있으면 그 사람때문에 일은 반드시 이루어
  집니다. 대한민국에 꼭 필요한 일입니다. 저도 꼭 돕겠습니다.
• 나 : ... 허 참..

대전시에 다시 제안합니다. 일 한번 해봅시다.

('19. 8. 8 노트에서)

4차산업혁명특별시,
한걸음 한걸음 준비하자

　대전시장은 "과학도시 대전은 4차산업혁명특별시로 나아갈 새로운 전기를 맞게 될 것"이라고 말하며, "대덕특구는 매출 77조원 판교테크노밸리처럼 띄울 것이며, 국제과학비즈니스벨트 조성 등 숙원사업을 제대로 추진"의 의지를 표출했다. 그러나 시장의 의지를 무색하게 하는 일들이 조금씩 생겼다. 당초 '19년에 6,622억원이 투입될 계획인 과학벨트 조성은 무려 30%의 예산이 삭감된 4,868억원이 정부안으로 확정될 것으로 보인다. 이미 사업 자체가 다른 지역에 분산되어 축소된 터에 실망이 더 크다. 게다가 최근 국토교통부가 공모한 1,150억원 규모 스마트시티 연구개발 사업은 대구광역시가 가져갔다.

　이는 과학기술도시 대전의 위상이 흔들리고 있음을 보여준다. 대전에 대한 국가의 눈이 점점 분산되고 있다. 국가 과학발전 중추 대전에의 선택과 집중전략은 변질되어 과학적 인프라와 인적 자원은 정치논리에 의해서 지역별로 분산·배치되고 있다.

게다가 과학은 대전발전에 충분히 기여하지 못한다는 비판도 크다. 지역대학과 인재양성의 결실도 부족하고, 좋은 일자리와 지역소득 증대에도 역할을 다하지 못하는 실정이다. 그저 시민들에게 과거로부터 쌓여진 과학도시라는 어렴풋한 자부심만 남아 있다고 해도 과언이 아니다.

그럼에도 불구하고 대전의 모든 정치인들은 과학도시 대전의 중흥을 앞 다투어 말한다. 나아가 4차산업혁명이라는 세상변화에 '당연히 대전이 딱이다'라는 기대와 '국가는 대전을 버리지 않을 것이다'라는 미련을 담아 4차산업특별시 대전을 꿈꾼다.

비전은 원대하나 현실과의 갭(gap)은 크다. 대전이 목표타겟으로 잡은 77조원 매출 판교테크노밸리엔 많은 기업과 돈과 인재가 몰려있고, 비즈니스네트워크가 형성되어 있다. 이미 국토교통부는 제3 판교테크노밸리 지구조성을 승인했고 '23년이면 50여만 평 규모의 첨단 산업클러스터가 조성될 전망이다. 대덕단지는 규모와 인프라 측면에선 훌륭하지만 기업과 돈, 특히 비즈니스네트워크 측면에서는 한계가 크다. 향후의 기대가치를 고려하면 판교는 더 멀리 가있을 가능성이 높다.

4차산업혁명 역시 마찬가지다. 산업계와 연구계에서 바라본 우리나라 4차산업은 미래에의 걱정이 앞선다. 삼성전자의 한 부문장은 "젊은 사람들의 미래를 생각하면 등골이 오싹하다"고 말하며, AI(인공지능), IoT(사물인터넷), 5G(5세대 통신기술) 등 미래 기술전쟁의 최전선에 있는 기업인의 심경을 솔직히 밝힌 적이 있다.

카이스트 총장은 3월 '카이스트 비전 2031 발표'에서 "설립된 지

7년 된 중국 남방과학기술대는 정부의 적극적인 지원 아래 벌써 교수 수만 300명을 넘었다. 학생 한 명에게 투자되는 돈은 연간 10만 달러에 달하다. 중국의 추격을 보고 있으면 등골이 오싹하다"라고 말했다. 대덕연구단지가 있다고 해서 4차산업 특별시가 될 수 있다는 발상이라면 대단한 착각이다.

대전은 새로운 시작을 해야 한다. 대전의 자산에서 출발, 대전이 실제 할 수 있는 것을 찾아 세워야 한다. 국가에 기대할 수 있는 상황은 아니기에 의식의 토양을 바꿔 '국가의존형 발전모델'에서 탈피하여 주변 인프라를 발전의 기회로 스스로 만들어가는 '자강형 발전모델'로 변모해야 한다. 규제개혁과 인센티브를 통해 국내외 주요기업들을 유치해야 하겠지만, 대전에 가능한 새로운 비즈니스기회를 창출하고 기업을 키워나가야 한다. 그런 의미에서 관학연 협력모델은 좋은 방안이 될 수 있다.

대전엔 아시아 1위 혁신대학인 카이스트를 비롯한 19개 대학이 있다. 이는 엄청난 자산이며, 이를 활용해야 한다. 대학의 혁신기술이 대덕연구단지의 연구기능과 협업체계를 이뤄야 한다. 대전은 제3청사가 위치하고 바로 옆에 행정수도 세종이 있다. 정부기관에 대한 시각을 바꿔 그저 대전시 내외에 '존재하는 기관'이 아니라 비즈니스 협업구조를 만들어 '돈과 일자리가 되는 기관'으로 만들어야 한다. 대덕단지 등과 강한 협력체계를 이루어 관·학·연이 함께 하는 길을 열어야 한다. 정보통신, 바이오, 메카트로닉스(mechatronics), 첨단부품 등 대전시의 특성화산업과 함께 AI, 블록체인, 클라우드기반 도시재생, 안전, 환경 등 다양한 사업을 추진하며 관·학·연 협력인프라 위에 창업기업의 씨를 뿌리고 강소벤처의 열매를 키워야 한다.

최근 대전시는 2급 상당의 경제과학관(官) 신설을 발표했다. 선거 공신을 위한 위인설관이 아닌 과학도시 중흥과 4차산업 주도를 위한 선의의 취지라면 특별히 반대하고 싶진 않다. 오히려 이것으론 부족하다는 생각을 한다. 나는 미래 대전을 선도할 특수조직이 필요하다고 생각한다. 형식적인 자문위원회 같은 건 필요가 없다. 이 조직은 과학기술부, 4차산업특별위원회, 산업자원부, 연구재단 등 중앙부처의 지원정책에 발 빠른 대응전략을 제시해야 하며, 지역 국회의원, 시장, 시의회와 소통할 수 있어야 한다. 대전이 지닌 과학도시 자산을 발판으로 4차산업혁명을 통해 과학기술발전과 미래성장산업을 적극 지원하고, 역동적 벤처생태계를 조성, 창의적 벤처기업과 혁신적 창업자 육성에 역점을 두는 새로운 시작을 실질적으로 모색해야 한다.

새로운 시작이다. 4차산업혁명, 그 변화의 시작이다. 정량적 지표와 하드웨어 관점에 쫓기지 말자. 4차산업혁명, 그 시대정신에 맞추어 대전만의 '창의와 혁신 DNA'를 믿고 한걸음 한걸음 나아가자.

(굿모닝충청 '18. 08. 30)

바이오 폴리틱스가 필요하다

제임스 왓슨(James D. Watson)이 쓴 '이중나선'(二中螺線, The Double Helix)을 읽는다. DNA의 염기배열구조를 발견하여 노벨상을 받은 왓슨과 크릭, 그 중 글쓰기가 출중했던 25살인 왓슨이 연구과정의 숨은 이야기를 그린 책이다. 분자생물학 책이라 하기 보다는 연구자간의 경쟁, 상처, 도전 등이 담긴 짧은 서사와도 같은 책이다. 책을 읽으면서 자연스레 과거 바이오회사에 잠시 근무했던 때가 떠오른다. 염기서열분석, DNA칩, 유전자이식생쥐연구 등을 사업모델화한 마크로젠이라는, 서울대학교 의과대학 유전자이식연구소를 모태로 한 바이오 1세대 벤처회사다.

회사는 산업초기인지라 시장이 없어 상장 후에도 수익모델창출을 고민하였지만, 그러면서도 염기서열분석서비스 사업을 중심으로 차근차근 시장을 만들어가는 바이오분야 선봉역할을 수행했다. 김대중 전 대통령이 노벨상을 받을 때쯤 '한국인 게놈(genome) 프로젝트'를 발표하고 광화문 한복판에 〈게놈강국 대한민국〉의 플랜카드를 내걸었던 기억이 생생하다. 관련 분야를 전공한 후배들과 밤새 술잔을 기울이며 '바이오강국', '게놈고속도로', '미래의학혁명' 등 가슴 벅찬 언어를 토해낼 때의 기록이 새롭다. 그해 나는 이들의 맏형 그룹 중 한 사람으로서, 자타가 공인하는 학파(?)를 만들었다. 〈바이오 폴리틱스(politics)〉다. 의미 그대로 생물학의 '바이올로지'와 정치학의 '폴리틱스'의 결합이다.

산업초기인지라 시장이 거의 없었다. 대용량 염기서열분석서비스를 통한 매출은 한계가 많았다. 결국 정부의 바이오산업 진흥을 위한 투자에 크게 의존할 수밖에 없었다. 과기부, 산자부, 보건복지부, 농림부와 그 예하기관 등을 접촉하고 정부용역사업을 만들고 여기로부터 시장을 창출할 수밖에 없었다. 그래서 정부사업을 만들고 과제를 수주하는 일이 무엇보다 중요했다. 연구자들은 이를 '폴리틱스'라 불렀다. 마크로젠을 떠나서도 '아시안 게놈 프로젝트'도 함께 도우면서 나는 30대 후반을 자연스레 'Mr. 바이오 폴리틱스' 이름을 들었다. 이런 추억이 있기에 나는 대한민국의 미래과학, 특히 생명공학을 누구보다 성원한다. 최근 대전시청에 계신 분과 시정 이야기를 나누며 이 〈바이오 폴리틱스〉 얘기를 늘어놓은 적이 있다. 대전시는 정부과제 수주가 매우 중요하고 이에 사활을 걸어야 한다는 얘기가 요지다. 대전시는 특별한 생산기지가 없다. 대전 밖 외부사람을 여행으로 끌어오는 킬러 문화콘텐츠도 미약하다. 그래서 더더욱 정부 돈을 끌어와야 한다. 과거엔 정부가 알아서 해줬다. 과학도시에, 대한민국의 중심에 있기에 정부가 대전을 키우는데 큰 힘이 되었다. 그러나 지금은 달라졌다. 옆 동네 세종이 생겼고, 오송도 활발하게 움직인다. 과학에 대한 투자가 분산되었다. 지자체간 경쟁은 더욱 치열해졌다. 이런 상황이기에 대전은 사활을 걸고 정부과제를 따오고 중앙으로부터 돈을 끌어와야 한다. 시가 주도하고 대학교가 함께 하고, 연구소가 힘을 보태야 한다. 중앙에서 저절로 만드는 시대가 아니다. 스스로 먹거리를 찾아내야 한다.

최근 〈K바이오 랩 허브 공모사업〉에 대전이 참여했다가 실패했다. 삼성바이오로직스와 셀트리온이 있는 인천이 가져갔다. 그런데 절대 좌절하지 마라. 유치 실패를 계기로 대전은 좌절 대신 더 많은 고민을 하기 바란다. 바이오는 단지 과학의 한 분야가 아니다. 단순하게 지역균형발전으로 풀만한 아이템도 아니다. 바이오는 대한민국 미래의 문제이며, 미래산업의 핵심 축이다. 바이오의 미래는 결국은 맞춤형 의학과 신약개발이다. 그 시장을 만드는데 국가는, 대전은 방향타를 잡아야 한다. 바이오는 아직 산업 초기단계다. 비록 유치에 실패했지만, 대전은 더 큰 꿈을 향해 더 많은 준비를 하자. 아직도 기회는 많다. 다시 준비하고 다시 도전하자. 그리고 여전히 바이오분야에는 폴리틱스가 중요한 듯하다. 바이오 폴리틱스, 즉 정치력과 중앙과의 네트워크가 생명일 수 있다. 왓슨은 생명에 대한 호기심으로 DNA구조를 발견했다고 했다. 대전의 생명에 대한 진지한 관심이 필요하다.

('21. 7. 11 노트에서)

보배로운 도시 대전

　대한민국에서 대전은 중심도시이다. 사통팔달 물류의 중심, 과학 기술 개발의 핵심도시다. 게다가 국가안보의 수뇌부 계룡시와 대다수 중앙부처가 자리 잡은 세종시를 곁에 두고 있다. 대전은 대한민국의 보배로운 도시임에 분명하다. 그러나 구슬이 서말이라도 꿰어야 보배란 말이 있다. 구슬만 가진 사람, 꿰는 방법을 모르는 사람에게 구슬은 단지 구슬일 뿐이다. 도시의 운명도 마찬가지다. 주변의 변화는 환경을 잘 이해하고 상생하지 않으면 도태될 수 있다.

　대전이 국토의 중심, 충청도 최대 도시라는 자부심은 명색만 남을 수도 있다는 위기의식이 커간다. 단순히 인구수 증감을 보더라도 우려는 현실로 다가온다. 대전의 인구는 작년 9월 1,535,815명으로 정점을 찍은 이래 1년 동안 12,500명 가량 줄었다. 반면 세종은 20만을 돌파했다. 충남 천안과 아산을 합한 인구는 100만에 근접했고, 서산, 당진 또한 인구가 늘었다. 충북의 충주, 제천, 청원, 진천, 괴산, 음성 등도 인구 순증이 이어지고 있다. 인구가 늘어난 도시들의 공통점은 뭘까? 첫째, 그 도시들은 서울 및 수도권과 가깝고 둘째, 최근 들어 각종 교통수단의 접근성이 향상되었다는 점이다.

대전이 변화를 준비해야 하는 이유다. 변화를 성공시키려면 중요한 몇 가지가 있다. 첫째, 정책의 상상력이 필요하다. 문제의 원인에서 출발, 답을 찾기 위한 상상력을 발휘해야 한다. 대전의 위기는 대기업 본사의 매출액 상위 100대 기업 중 86곳이 집중된 서울과 수도권에서 멀어지고 있다는 점이다. 지도상 서울-대전간 거리는 같지만, 대전보다 가까운 도시들이 커가기에 점점 매력을 잃어가는 것이다. 이런 상상을 해보자. 서울-대전을 30분대에 오가는 상상. 시속 300km의 KTX가 논스톱으로 달린다면 30분대도 가능하다는 계산이 선다. 30분대라면 왕래가 더 많아지고, 여기에 산업, 문화, 교육 인프라를 더 갖춘다면, 일터가 내려오고, 그 일자리를 찾아오는 사람들도 늘어날 것이다.

둘째, 전문가를 키워야 한다. 다양한 분야의 인적 자원을 개발하고 그 가치를 극대화해야 한다. 대전 지역에 전문가가 없으면 출신지나 국적을 가리지 않고 모셔 와야 한다. 외국기업 유치는 눈에 불을 켜면서 막상 외부 혁신 전문가 영입에 인색해선 안 된다.

셋째, 특화된 발전 전략을 준비해야 한다. 차별화되고 지속가능한 발전 전략이 필요하다. 이 전략은 중앙정부의 거시전략과 부합하는 것이 효과적일 것이다. 중앙정부가 추진하는 경제정책, 지역발전 전략을 반영한 대전만의 색깔을 찾아 집중 투자해야 한다. 이 모든 전략의 지향점은 일자리 창출임을 잊어선 안 된다.

넷째, 균형 잡힌 접근이 필요하다. 대전은 90년대 이후 성장 과정에서 신·구도심 간 사회경제적 지표의 불균형을 경험해 왔다. 새로운 대전의 발전전략은 이 문제점의 개선노력이 포함되어야 한다. 기존의 인프라와 대전이 지닌 DNA를 적극 활용하되, 이 과정에서 새로운 감각을 입히는 작업이 효율적이다. 새로운 인프라를 만드는 것보다 지금 대전이 필요한 것은 새로운 감각이다.

많은 지자체가 위기다. 돌파구가 필요하다. 지방 재정건전성 악화에 경제사회적 불안정이 지속되고 있다. 경기둔화, 양극화, 고령화, 장기 저성장의 시대다. "올드하면 다 망한다"는 말처럼, 낡은 패러다임에 갇힌 도시는 도태된다는 위기의식으로 변화를 꾀해야 한다. "No Pain, No Gain"이라는 말이 있다. 고통 없는 성취는 없다는 말이다.

도시의 변화에는 고통뿐만 아니라 저항과 갈등을 수반한다. 그러나 상상해보자. 구슬을 꿰는 상상. 10년, 20년 후에 우리 지역이 어떤 보배가 되어 있을지를.

(대전일보 '15. 10. 19)

기초과학, 실추된 자존심 살려야 한다

세계 최고 수준의 과학 기반 클러스터 조성을 위해 '21년까지 총 사업비 5조 7,471억원이 투입계획이었던 초대형 국책 사업인 국제과학비즈니스벨트(이하 과학벨트)사업의 미래가 불투명해졌다. 이 프로젝트의 가장 중요한 핵심 사업인 중이온가속기 '라온 사업'이 완공 목표시한이었던 작년 말 완공 실패 판정을 받았기 때문이다. 일부 핵심 부품 장치가 설치되지 못했다는 점과 시제품 성능검증이 완료되지 못했다는 점 등이 주된 이유다.

대전에 중이온가속기를 구축함으로써 기초과학의 허브역할을 수행하고 이를 중심으로 주변 지역에 걸쳐 글로벌 연구기관과 기업 등을 유치한다는 큰 그림 하에, '18년엔 거점지구인 대전에 기초과학연구원과 기능지구인 천안, 청주, 세종에 과학비즈니스역할을 담당할 SB플라자는 설립되었지만, 정작 그 중심인 중이온가속기가 실패함으로써 앙꼬 없는 찐빵 신세가 되어 버린 것이다.

중이온가속기는 자연계에서 가장 무거운 원자핵을 지닌 우라늄

입자를 무거운 이온 상태로 가속시켜 다른 표적에 충돌시키고 이때 2차로 생성되는 입자를 이용해 희귀 동위원소를 발굴하여, 단백질 구조분석이나 암 치료와 같은 의생명공학이나 신소재 개발 등 기초과학 연구에 활용되는 꿈의 장비로 통한다. 미국·독일·일본 등 과학 선진국이라면 대부분 보유하고 있는 이 장비는 기초과학 경쟁력을 가늠하는 잣대로 불리기도 한다. 특히 관련 연구 성과가 노벨상으로 이어진 사례가 30여 개에 달함으로써 우리나라 역시 대한민국 최초의 노벨과학상 꿈을 이루어줄 프로젝트라는 원대한 목표로 착수되었다.

중이온가속기의 완공을 재차 연기시킨다면 '09년 계획이 수립된 후, '11년부터 952,000㎡의 대형 부지 위에 총 1조 5천억원의 예산을 투입하는 동안 세 차례나 연기가 되는 셈이다. 당초 '17년 완공 목표였지만 '19년으로, 다시 '21년으로 두 차례나 미뤄진 전례가 있었는데 결국 이 또한 수포로 돌아간 것이다.

그동안 사업추진을 두고 몇 가지 잡음이 있어 왔다. 우선은 미국의 저명한 국립 연구기관이 우리의 설계보다 비용과 품질이 훨씬 우수한 대안 설계를 제시했지만, 핵심 장비 국산화 등 '한국형'을 고집하며 연구 결과를 반영하지 않음으로써 결국은 혈세 낭비에 결과 부실을 자초했다는 소리가 들린다. 사업을 관리하는 추진단장은 출범 이후 10회 가량 교체됐으니 대략 1년에 1명꼴로 수장이 바뀐 셈이다. 핵심부품확보와 일정문제가 이미 예고되었지만 사업관리자들은 "목표한 기간 내에 완공할 수 있다"는 말만 되풀이했다는 후문이다. 정부의 과학벨트에 대한 기본시각과 의지에서도 문제가 있는 것이 아닌가 싶다. '18년엔 예산 편성과정에서 당초 6,622억원의 예산 중 무려 30% 가까이 삭감된 정부의 예산안이 확정되기도 했다.

사업추진단은 완공에 실패한 중이온가속기에 대해 두 가지의 대안을 제시했다고 한다. 하나의 안은 가속기사업을 사실상 올해 종료하고 미구축된 부분은 개별단위로 쪼개 기술력을 키워 단계적으로 착수한다는 계획이고, 다른 안은 사업기간을 '25년으로 4년 더 연장하고 총사업비 역시 1,444억원을 증액해 단계 구분 없이 계속 추진한다는 내용이다.

10년간 1조 5천억원을 쏟아 부운 목표했던 원천기술인 중이온가속기는 갈 길이 먼데 여러 군데 비즈니스 센터는 만들어져 있는 이 앙꼬 없는 찐빵 신세의 5조 7천여억원의 과학벨트사업. 어쨌거나 사업 기간 연장과 예산의 추가 투입은 피할 수는 없겠지만, 그래도 미래 과학강국의 길을 향해 반드시 결실을 일구어야 할 사업이다.

단군 이래 최대의 기초과학 프로젝트라고 불리는 이 사업, 단군 할아버지가 굽어 살폈으면 좋겠다. 실추된 자존심을 다시 살려야 한다.

(시사뉴스 '21. 2. 15)

4

왕래가 도시를 살린다

대전발 0시50분 기차가
만석이 될 때

　비오는 금요일 저녁 선술집에서 '대전의 경제를 살린다'라는 주제로 고민을 나눈다. 막걸리에 어울리는 안주꺼리인지는 모르겠다. 막걸리 넘어가는 속도에 제동이 걸리는 것을 보니 썩 어울리는 주제는 아닌 듯하다.

　나는 경제가 살아있는 도시, 경제가 활성화된 도시는 두 가지가 살아있어야 한다고 믿는다. 우선 밤이 살아있어야 한다. 밤이 아름다워야 한다. 밤쇼핑이 되었든, 술자리가 되었든 밤이 북적되어야 한다. 도심에 이어, 거주공간이 있는 슬세권(슬리퍼로 돌아다니는 동네권역)의 밤이 살아나야 한다. 집에 일찍 들어가 TV앞에 앉을 때, 일찍 불을 끄고 취침 모드로 들어가고 이게 생활문화로 자리 잡을 때 경제는 살아나기 힘들다. 밤이 살아야 소상공인, 자영업자가 살아난다.

　그리고 걸음걸이가 살아나야 한다. 걷고 싶은 도시가 되어야 한다. 특히 젊은 친구들이 걸을 곳이 많아야 한다. 센트럴파크가 만들어지는 것도 의미가 있는 일이겠지만, 그곳에 과연 젊은 친구들이

갈까? 서울도 남산이나 올림픽공원보단 명동을 젊은이들이 더욱 찾는다. 홍대 앞을 가고 성수동을 찾는다. 젊은이들이 걷는 도시가 되어야 한다. 역시 도심이다. 도심에 먹을거리, 살거리, 볼거리, 즐길거리가 많아야 한다.

대전의 도심에 불이 밝아져야 한다. 젊은 친구들이 도심을 걸으며 북적여야 한다.

가장 안타까운 곳이 있다. 대전역 앞이다. 어둡다. 사람이 드물다. 젊은 친구들은 아예 없다. 으능정이 거리와 대흥동으로 넘어와야 불빛이 보인다. 사람이 보인다.

경제활성화는, 경제살리기는 대전역 앞에서 옛 충남도청까지의 중앙로 살리기에 다름 아니다. 이어진 양쪽 동네에 불을 밝혀야 한다. 젊은이들이 걷는 도시가 되어야 한다. 대전역 앞을 광장으로 돌려줘야 한다. 택시 승차장으로의 변신은 독재시절의 유산에 다름 아니다.

전국의 모든 이들이 가장 만나기 편한 대한민국의 중심, 대전역 광장을 사람 중심의 광장으로 바꿔야 한다. 아카데미극장건물의 부흥과 대우당약국 뒷편이 흥이 나야 한다. 대전극장통을 밝게 하자. 월급쟁이가 찾는 옛 동백(동양백화점의 줄임말)4거리를 만들자.

이곳이 살면 대전의 경제는 산다. 쇠잔해지기까지 오랜 시간이 걸렸듯, 다시 부흥하기까지는 더 오랜 시간이 걸릴지 모르겠다. 지금의 이 도시행정이라면 어쩜 아예 불가능할지 모르겠다. 그러나 나는 대전경제 살리기의 방향은 이 방향이라 믿는다. 사람의 경제이기 때문이다.

대전역 앞은 내가 다녀 본 최고의 입지다. 150만 인구가 사는 한 도시의 중심이고, 가장 많은 인구들이 지나치는 한 나라의 중심이다. 선상야구장을 꿈꾼 그 상상력으로 대전역과 중앙로를 부흥시키자.

대전발 0시50분 기차가 만석이 되면 대전경제는 살아난다. 나는 그 것이 대전경제 살리기의 길이라 믿는다.

('20. 6. 3 노트에서)

'서울끼지 38분'
사라진 약속을 되찾고 싶다

"경부고속철도는 우리 모두에게 첨단고속시대의 새로운 지평을 열어줄 것입니다. 최고 300km, 평균 240km의 시속으로 질주함으로써, 서울에서 천안은 22분, 대전은 38분, 부산은 1시간 40분 거리로 좁혀집니다."

정치인의 선거공약이 아니다. 1992년 6월 30일 천안에서 있었던 경부고속도로건설 기공식에서 당시 노태우대통령이 한 연설이다. 총리실 업무로 자료를 급히 찾다가 발견한 글이다. 한참이 지난 지금 이 귀한 자료를 만나니 새삼 새롭다.

서울~대전 38분이 눈에 띈다. 당시 2시간 전후 새마을열차 대신 38분의 KTX는 거의 혁명적이다. 노 전 대통령 말씀대로 "주거, 취업, 교육, 여가 등 모든 영역에서 수도권과 지방의 차이가 점차 사라지고, 국민의 의식에도 깊은 영향을 주어 인구가 수도권으로 몰리는 대신 깨끗하고 풍요로운 지방으로 분산되는 새로운 현상도 일어날 것"이라는 환상은 KTX 완공과 동시에 하나둘 현실화 되어갔다.

KTX가 달리는 동안 많은 도시가 커졌다.

단순 인구증가만 따져도 쉽게 입증된다. 세종시는 출범당시 10만여명에서 '15년 10월 20만을 넘었다. 천안은 62만, 아산은 31만을 넘었고, 그 증가는 최근 3~4년간 눈부시다. 이제 합쳐서 100만 시대에 곧 진입할 추세다. 서산, 당진 또한 증가했다. 충북의 충주, 제천, 청원, 진천, 괴산, 음성 등도 인구 순증가가 이어진다.

대전은 어떠한가? 1989년 대덕구를 편입, 5개구의 직할시가 된 대전은 1990년 106만, KTX 가 완공된 '04년 145만으로 비약성장하나, 성장세가 둔화 2014년 153만여명으로 정점을 찍은 이래 최근 계속 줄고 있다. 대전이 국토의 중심, 충청도 최대도시라는 자부심은 명색만 남을 수도 있다는 위기의식이 커간다.

인구수가 늘어난 도시들의 공통점은 뭘까? 그 도시들은 수도권에 지리적으로 가깝고 최근 들어 각종 교통수단의 접근성이 향상되었다는 점이다. 대전의 위기는 최근 커가는 도시대비 인구의 반이 모여살고 대기업 본사의 매출액 상위 100대 기업 중 86곳, 대한민국 경제력의 55%가 집중된 서울과 수도권에서 멀어지고 있다는 점이다. 지도상 서울~대전간 거리는 변화가 없지만, 대전보다 가까운 도시가 커가기에 점점 매력을 잃어가는 것이다.

문제의 원인에서 답을 찾아야 한다. 정책의 약속에서 해법을 찾아야 한다. 25년 전에 정부가 가깝게 한다고 약속했다. 38분의 꿈을 약속했다. 대전~서울을 출퇴근하며, 나는 시속 300km의 KTX가 직통으로 달린다면 150km 이 길이 30분대도 가능하다는 계산을 한다. 1992년 대통령연설을 접하며 38분 대전~서울 노선을 찾아야 한다는 생각을 한다. 약속은 온데간데없이, 개통초기 50분대에서 점차 1시간을 넘기기가 일수인 이 길을 원래의 약속으로 돌려놓아야 한다.

모는 노선을 그러자는 게 아니다. 새 철길을 다시 놓자는 것은 더더욱 아니다. 지금 대전이 필요한 것은 새로운 인프라가 아니라 새로운 감각이다. 서울 지하철 9호선처럼 대전역에서 서울역까지, 서대전역에서 용산역까지 출퇴근 한두 노선은 급행으로 전환하는데서 시작해 보자. 30분대라면 왕래가 더 많아지고, 여기에 산업, 문화, 교육 인프라를 더 보강한다면, 일터가 내려오고, 그 일자리를 찾아오는 사람들도 늘어날 것이다. 서울로 더 빠져나간다고 걱정하는 사람도 있을 수 있다. 그러나 그건 기우다. 2차선 도로가 4차선으로 늘어나면 우리 동네차도 나가지만 다른 동네 차도 많이 들어온다. 번화해진다.

왕래가 많아야 발전한다. 왕래가 잦아야 소통이 된다. 다른 지역, 특히 서울 수도권과의 왕래가 중요하다. 왕래가 빈번해질 때 이 위에 대전의 새로운 인프라를 보탤 때, 대전은 발전하고 대한민국의 중심의 자리를 지킬 것이다. 대전~서울 38분대 급행KTX, 새로운 발전의 시작이다.

(중도일보 '15. 11. 03)

대중교통 예찬,
대전도 준비할 때가 되었다

　나는 말투부터 충청인 분위기가 물씬 풍길 수 있으나, 대학을 들어간 1984년부터 30년 이상을 서울생활 했으니 사실 생활패턴은 서울형에 더 가까운지 모르겠다.

　대전엘 돌아오니 서울과 가장 차이를 느꼈던 것 중의 하나가 있는데 대중교통이다. 서울의 대중교통생활에 익숙하니 대전의 대중교통은 여간 불편한 게 아니다.

　서울에선 간혹 급한 일로 택시를 탈 때 빼고는 당연히 지하철과 버스를 중심으로 대중교통을 이용했다. 30년, 이 생활이었는데 전혀 불편함이 없었다. 일단 시간도 빠르고, 남이 모는 교통편을 이용하니 그 시간에 책도 읽고 글도 쓰고 그 시간은 내 시간이었다. 그리고 무엇보다 그게 가장 속편한 이동길이었다.

　대전 내려와서의 생활도 마찬가지다. 나는 여전히 버스와 지하철, 그리고 가끔가다 택시를 탄다. 그런데 버스와 지하철을 탈 때 답답함이 있다. 나만의 불편함인 줄 알았는데, 뉴욕서 오랜 생활을 했던 지인도 같은 지적을 했다.

시설과 연결체계는 잘 되어 있다. 그런데 문제는 '시간'이다. 버스 기다리는데 7분여, 연계 지하철 또 기다리는데 8분여다. 서울은 아무리 늦어도 대략 2~3분 기다리면 버스나 지하철이 도착한다. 그리고 레일로, 전용차로로 막힘없이 달린다. 차비가 싸고, 막대한 서울의 주차요금도 별도로 낼 필요가 없으니 경제적이다.

그런데 대전은 조금 다르다. 대중교통이 너무 많이 이용객을 기다리게 한다. 서울 같으면 오래 기다렸다 타면 보통은 대부분 콩나물시루다. 사람 태우는데 시간을 많이 썼기에 나름 밀려서 늦게 도착할 수 있다. 그런데 대전은 기다렸다 타도 대중교통내에 사람이 그리 많지 않다. 아마도 많이 기다리는 것이 짜증나기에 대중교통을 이용하지 않는 듯하다.

'닭이 먼저인지 달걀이 먼저인지' 모르겠다. 사람이 이용을 안 하기에 수지가 나빠지고 그래서 대중교통의 배차간격이 긴 건지, 너무 배차간격이 길기에 대중교통을 시민들이 이용하지 않는 것인지 뭐가 선(先)인지 잘 모르겠지만, 그런데 분명한 사실이 있다. 이제 대전은 지하철 2호선의 시대가 도래한다는 것이다. 기존 차로에 트램 공사가 시작되고, 트램이 완공되어 거리를 아마도 자가운전이 불편할 수도 있겠다. 어쩌면 당분간은 땅속으로 다니는 지하철이 편할 가능성이 높아 보인다.

시정 정책입안자들은 정말 지금의, 그리고 앞으로의 대중교통에 대한 고민을 많이 해야겠다. 그리고 시민들 역시 대중교통 이용에 대한 의식을 조금씩은 바꿔줘야 한다. 버스와 지하철, 많이 이용했으면 좋겠다. 그리고 대중교통이 그 어떠한 이동수단보다 편하고 행복한 이동수단임을 느꼈으면 좋겠다.

서울의 지하철은 놓쳐도 다음 열차가 바로 온다. 그러니까 그 지하철을 이용한다. 연달은 3개의 지하철역에 2개의 지하철이 바로 이어 달려오는 지하철, 이러면 막힌 도로에 비싼 주차장을 잊고 대중교통을 이용하지 않겠는가? 버스와 지하철, 배차시간 간격 단축을 준비할 때가 되었다.

('19. 6. 18 노트에서)

왜 이 터미널엔 서울 가는
버스가 없을까?

가장교 밑에서 출발해서 복수교 밑까지 유등천 길을 걷다 돌아가는 길, 오른쪽 편으로 서남부터미널이 보인다. 5년 전 내가 대전발전을 기치로 정치의 길에 들어설 때, 처음 문제를 제기하고, 건물외벽의 대형 현수막에 실었던 문구가 당시의 서부터미널 관련이었다. "왜 서부터미널엔 서울 가는 버스가 없을까?"

대전엔 2개의 터미널이 있다. 옛 고속터미널과 동부터미널이 합쳐진 복합터미널과 옛 서부터미널이 이름을 바꾼 서남부터미널. 유성이나 둔산동 정부청사에 있는 것은 정식 터미널이 아니라 시외버스정류소에 불과하다. 지금 유성정류소는 복합터미널을 꿈꾸고 있지만. 서울을 버스로 가려면 복합터미널이나 유성, 정부청사 앞으로가야 한다. 그리고 거기서 출발해 잠깐 들르는 작은 정류소에서도버스를 탈 수가 있다.

거창하게 터미널 이름을 달고서도 서울까지 갔다 오는 버스가 없는 '바보터미널'이 있다. 터미널 이름 붙이고 서울 가는 버스가 없는 거의 대한민국 유일의 터미널일 듯하다. 아무리 생각해도, "왜 서남부터미널엔 서울 가는 버스가 없을까?"다.

옛 생각에 잠시 젖은 채, 터미널을 둘러본다. 역시, 서울 가는 버스는 없다. 5년 전엔 없었지만 인천공항 가는 버스가 있었는가본데, 지금은 승차시간이 가려져 있다. 5년 전 있던 노선은 그나마 많이 사라져버렸다. 게다가 코로나 때문인지, 표를 판매하는 분도 없고 이젠 자동판매기 한 대가 그 역할을 하고 있다. 편의점 하나를 빼놓곤 모든 매장이 문을 닫았다. 승객 승하,차장은 축구장 하나는 족히 나올만한 빈터다. 물론 밤엔 버스주차장으로 변하겠지만.

정말 바보터미널이 되었다. 서남부터미널 근처에 수도권행 수요가 없을까? 수지타산만의 문제일까? 아니다. 서구의 도마동, 복수동, 정림동, 가장동, 변동, 그리고 그 넘어 일대까지 포함하고, 중구의 유천동, 산성동, 태평동, 문화동의 인구를 따지면 절대 적은 수요가 아니다. 다만 도시의 개발 분위기에 늘 뒷전에 밀리고, 그러다보니 낙후의 길을 거듭하며 생활문화에 늘 소외를 겪는다. 서구와 유성이 발전할 때 늘 손가락만 빤다.

이런 시대의 흐름에 정부청사정류소가 만들어져 정착되고, 유성 시외버스정류장이 복합터미널을 앞두고 있고, 이들 정류소는 지금 20분 간격으로 서울을 향해 가고 있는데, 서남부터미널은 이들 버스의 야간 주차장 역할에 충실하다. 서구와 중구 일대에 사는 분들이 서울 가는 버스를 타려면 유성으로, 청사 앞으로, 동대전으로 넘어가야 한다. 서남부터미널엔 노선이 몇 개 안되고 전부 충남 서해권 일부노선이다. 무엇보다도 수도권을 오가는 노선이 한 대도 없다.

전주 가는 버스가 새벽에 딱 한 대 있다. 그래서 서부에서 서남부로 이름을 바꿨는지도 모르겠다. 수요는 분명히 있다. 그러나 버스는 없다.

이 망가진 터미널을 살려서 뭐 하냐는 말을 많이 한다. 그러나 오래된 탄광도 어떻게 하느냐에 따라 관광명소로 바뀔 수 있는 것처럼, 내왕이 발전이다. 내왕으로 북적해야, 사람들이 모여들어야 동네가 살고 터미널이 발전한다. 지금 아파트 재개발이 진전 중인가 보다. 아파트도 아파트지만, 이 지역의 쇠락은 랜드마크의 상실에서 시작되었다. 과거, 사람으로 북적인 터미널 기능의 상실이 컸다.

그 기능을 살려야 한다. 대전 시민들이 가장 많이 오가는 곳이 어디인가? 충청도 일대가 아니라 수도권이다. 그 노선이 서남부터미널에도 있어야 한다. 수도권에 가는 사람들, 수도권에서 오는 사람들이 서남부터미널을 찾아야 한다.

서남부터미널에 사람이 오게 하자. 적어도 서울, 인천과 인천공항, 일산, 분당과 수원 정도까지 오가는 버스노선이 있어야 한다. 사람이 많이 모였던 옛 서부터미널의 모습, 다시 찾아야 한다. 수도권 노선이 답이다. 더 이상 바보터미널로 방치해선 안 된다. 입지의 문제가 있다면 이 지역 다른 곳이라도 교통의 기능을 복원시켜야 한다.

('21. 1. 17 노트에서)

11월, 트램은 어떤 기적소리를 낼까?

'기차는 8시에 떠나네.
카테리니 행 기차는 8시에 떠나네
11월은 내게 영원히 기억 속에 남으리'

아그네스 발차(Agnes Baltsa)와 조수미가 즐겨 불러 우리 귀에 익숙한 미키스 테아도라키스(Mikis Theodorakis)의 명곡, 〈기차는 8시에 떠나네〉의 첫 소절이다. 나치독일과 싸우는 레지스탕스에 지원했으나 전쟁이 끝나도 돌아오지 않는 그리스 청년을 기다리는 여인의 애타는 심정을 그려낸 이 곡은, 점점 세차지는 바람과 함께 거리에 뒹구는 낙엽을 볼 때마다 어김없이 떠오르는 11월의 대표적인 음률이다.

웬 가을타령인가 하겠다. 카테리니(Katerini)행(行)이 아닌 대전행 SRT를 타노라니 문득, 이르면 10월말이면 윤곽이 결정될 거라 했던 노면전차 '트램'이라는 열차가 생각났다. 벌써 11월의 가운데로 향하는데도 아직 감감무소식인 트램 말이다.

대전 최대 숙원인 대전도시철도 2호선, 트램에 대한 타당성 재조사(이하 타재)가 지난 1일 착수된 이래, 통상 6개월인 그 심사기간을 마쳤는지, 최근인 11월 1일엔 기재부·국토교통부, 타당성 재조사를 맡은 한국개발연구원(KDI)이 함께 비공개회의를 진행했다고 한다. 트램의 향배에 대해 무슨 얘기가 오간 눈치인데 아직 뚜렷한 얘기가 나오지 않는 것을 보니 왠지 좀 꺼림칙하다.

최근엔 타재통과를 위해 사업비용을 축소해서 용역을 신청했다는 얘기도 들리고, 정부가 지역경제 파급효과가 큰 사업에 신청을 받고 있는 '예비타당성조사(이하 예타) 면제 사업'으로 전환가능성을 꺼낸 언론보도도 있고, 혼란스런 상황의 연속이다.

> '함께 나눈 시간들은 밀물처럼 멀어지고...
> 비밀을 품은 당신은 영원히 오지 못하리'

〈기차는 8시에 떠나네〉의 두 번째 소절이 생각날 정도로 오랜 논란의 트램에 대한 타재에 문제가 있는 것이 아닌가 하는 불안감이 들기도 한다. 10여년 째 논란이 되어 오락가락한 도시철도 2호선이다. 민선 5기인 '12년 염홍철 전 시장이 고가방식의 자기부상 열차(이하 고가방식)로 예타를 통과했지만, 민선 6기인 '14년 권선택 전 시장이 트램으로 건설방식을 바꾸면서 처음부터 다시 시작됐다.

트램으로 바꾸면서 트램은 '정치'가 되었다. 애초부터 트램 자체엔 속도의 문제, 도로를 열차 길에 양보해야 함에 따른 교통 불편의 문제가 있어, 고가방식에 비해 현저하게 저렴한 비용 대비 '경제성이 떨어진다'는 지적이 많이 제기되었었다. 그래서 비판이 많았지만, 전임 시장은 임기를 채우지 못하고 중도에 시장직에서 물러나야 하는 상황에서도 끝내는 트램을 고수하고 정부에 타재를 요청했다.

그러나 정작 트램의 '정치'는 6월 지방선거에선 시들했다. 워낙 기울어진 정치적 판이 대전시의 최대 현안이자 주민들의 가장 중요한 생활의 문제인 트램의 관심을 잡아먹은 것이다. 누구나 원했던 지하철방식이나 당초 예타 통과된 고가방식은 돈 때문에 거론조차 안 되고, 그나마 한 후보가 '(저심도)지하+고가+트램' 방식의 'DTX'라는 이슈로 반짝 여론화를 시켰을 뿐이다.

현 시장은 후보 시절, 10대 공약에 트램을 포함시키지도 않은 상태에 전임 시장이 끌어온 트램에 승차하는 전략을 취했다. 그리고 시장이 된 이후에도 트램에 대해선 소극적 자세로 일관한다. '타재의 결과가 긍정적이라면 그대로 추진하고, 만약 정부에서 도저히 사업성이 없다고 하면 대중교통 체계를 전면적으로 재검토할 것'이라는 입장을 밝히면서 모든 것을 정부부처의 결정에 따르겠다는 자세를 보이고 있다.

이렇게 트램이라는 열차, 대전 도시철도 2호선 열차의 기관사는 대전시민이 아니라 중앙정부가 되어버렸다. 기재부 타당성조사의 가장 중요한 판단 근거는 '경제성'이다. 도시주민의 편의나 교통정책상의 필요성, 즉 주민의 뜻은 사실상 다음이다. 어쩌면 새로운 기관사의 눈엔 사치품일 수도 있다.

아무리 전임 시장의 핵심과업이라 해도 현 시장 역시 이 문제에서 자유로울 수 없다. 주민의 뜻을 살피고 이에 바탕하여 주도적·적극적으로 판단해서 최선의 정책방향을 결정해 나가며, 이 과정에서 정치권의 힘을 빌리기도 하고 중앙정부를 지속적으로 설득시켜나갔어야 하는데 그런 현 시장의 모습을 대전도시철도 2호선, 트램에선 발견하기 어려웠다.

타재 최종결과가 언제, 어떻게 나올지 궁금하다. 결정이 되었다면 가급적 11월이라도 빨리 시민에게 그 결과를 공개하는 것이 바람직하다. 타당성을 인정받든, 부인되든 결국 타재 결과는 크게 봐선 둘 중의 하나다. 인정받는다면, 트램이라는 열차는 대전역사(大田驛舍)의 역사(歷史)에서 새롭게 출발한다. 만약 지역 내에서 논란이 있더라도 이는 트램이 가져올 대전교통정책의 결과에 대한 논란과 책임뿐이다.

그런데 만약 타당성을 부인받는다면 그 때는 상황이 달라진다. 트램과 도시철도2호선의 대전역사(大田驛舍)의 역사(歷史)는 그 종착역이 돼버리고 만다. 고가방식에서 바꾼 것부터 시작해서, 추진 과정상의 문제도 재점화되고 사업효과, 특히 도시철도2호선 사업자체가 그냥 날아가게 됨에 따른 대전경제에의 파급 문제가 큰 이슈가 될 것이다. 대전경제에 1~2조원 이상 손해가 나는 비극적 결말인 파국의 열차드라마가 된다.

나는 트램방식에 대해서 반대하는 입장에 가깝다. 사실 교통과 경제성 등의 문제 때문에 반대 원인의 방점이 있었던 것은 아니었다. 중앙정부에서 일을 하며 국책사업의 예타가 얼마나 힘든지 조금은 알고 있었고 그래서 예타를 통과한 고가방식을 트램방식으로 바꾸는 것을 잘 이해할 수 없었던 것이 더욱 컸다.

그래도 전임시장은 이를 추진했고 현 시장은 이에 동조했다. 내가 잘 이해할 순 없었지만, 그래도 그렇게 결정했으면 제대로 추진하고 제대로 결과를 내야 한다고 생각했다. 타재를 성사시키는데 행정의 힘을 쏟아야 한다고 봤다.

비극의 드라마를 생각하고 싶지 않지만 만약에 이런 일이 발생한다면 현 시장이 말한 '대중교통 체계의 전면적 재검토' 정도로 끝날 문제는 아니라고 본다. 관료 사회의 전문적 책임성과 정치적 책임성을 따지고 그 책임까지도 물어야 할 문제이다. 이런 일이 발생하지 않기를 대전 시민으로서 바랄 뿐이다.

'기차는 멀리 떠나고 당신 역에 홀로 남았네...
가슴속에 이 아픔을 남긴 채 앉아만 있네'

〈기차는 8시에 떠나네〉의 마지막 소절이다. 도시철도는 무엇보다 시민의 삶의 질과 관련된 문제다. 출퇴근길과 아이들 등하굣길에 영향을 주고, 살림살이에 영향을 주고, 집값 등 재산 가치에도 영향을 주는 문제다. 10여 년의 기대와 논란을 헛바퀴 돌게 하면 안 된다. 도시철도 2호선이 아련한 기억에만 묻힌 대전시민의 가슴속 아픔으로 남게 해선 절대 안 된다.

지금은 트램이냐 아니냐의 문제가 아니다. 이마저 통과 안 되면 행정의 아집과 무능이 고스란히 대전 시민에게 피해와 절망과 분노를 가져오게 한다. 그래도 '지역경제'라는 이름으로 2호선 열차의 '기

적소리'는 울려야 한다. 철저하고 절실하게 기재부를 설득해라! 최선
을 다해라!

(디트뉴스24 '18. 11. 12)

IV

어려움을 함께 이겨내는 도시

스스로의 역량으로 미래를 주도하는 담대한 도시

나는 대전은 어떤 도시냐고 물으면 솔직하게 답한다.

대전은 자생적으로 조성된 도시라기 보단.

국가가 만든 도시라 말한다.

경부선, 호남선 X자 철로에 이어 X자 고속도로도의 중심에 대전이 있다.

대덕연구단지가 만들어지고, 카이스트가 있고, 과학벨트가 가동되는 대전이다.

인근엔 국방시설과 행정수도가 들어서있는 대전이다.

국가는 대전을 국가의 백년대계 그 중심에 갖다 놓았었다.

그러나 언제부터인가 국가의 눈은 다른 곳을 향한다.

대전 가까이 세종, 천안아산부터 멀리 나주와 진주, 이젠 국가 전역으로 향한다.

국가가 주는 것을 받던 시절에서 국가의 눈을 끌어와야 하는 시대가 되었다.

아니면 국가의 도움이 아니라 스스로 무언가를 만들어야 하는 시대가 되었다.

힘이 필요하다. 능력이 필요하다.

도시와 도시가 경쟁하는 시대다.

지역이 주도하고. 지역 고유성으로 스스로 우뚝서야하는 그런 시대이다.

대전의 정치와 행정을 보며 안타까움이 많았다. 때론 화가 나기도 했다.

그래서 글을 썼다.

안타까움과 화가 아직도 글에 맺혀있을지도 모르겠다.

너그러이 이해해 주길 바란다.

1

경제와 일자리가 전부다

의원님들, 등골이 오싹하지 않나요?

— 대전 실업자 1만 명 늘었는데, 아무도 대책 없다

문재인 대통령은 지방선거 완승 후 열린 첫 번째 청와대 수석보좌관회의에서 "등골이 오싹하다"라고 소감을 말한 적이 있다. 아마도 대선에 이어 이렇게 표를 몰아주었으니 이젠 국정수행의 실력을 보여주고 국민을 섬기는 마음을 다하라는 국민의 엄중한 명령으로 대통령은 받아들였을 것이다. 어쩌면 이제 더 이상 과거 정권에 대한 핑계가 아니라 온전히 스스로의 능력으로 무한책임을 다하라는 천심의 무게를 느꼈을 것이다.

대전의 한 의원은 어느 언론 인터뷰에서 "등골이 오싹하다"는 대통령의 말을 인용하면서 "진짜 집권세력이 된 여당은 먹고 살게 해달라는 국민의 절박한 요구를 이뤄내야 하는, 과거에 해보지 못했던 일을 해내야 한다"고 역설한 적이 있다.

진짜 등골이 오싹할 만한 일이 벌어지고 있다. 집권여당 스스로 당·정·청 회의를 일요일 긴급 소집했다. 대통령도 지방선거 이후 처음으로 전국 시도지사 간담회를 소집했다. 경제지표에 대한 문제의식이 다소 안이했다는 반성이 집권세력 내에서 조금씩 일던 차에 7월 고용동향이 발표되었다.

통계청 발표에 따르면, 7월 취업자 수는 약 27,083,000명으로 1년 전 대비 5천명 증가에 그쳤다. 이는 금융위기 때인 '10년 1월 이후 가장 적다. 실업자는 1년 전보다 8만 명 이상 증가한 약 1,039,000명을 기록, 7개월 연속 100만 명을 넘었다. 실업률은 0.3%p 높아진 3.7%이고, 특히 청년층 실업률은 9.3%이다. 이 정도라면 청와대에 가져다 놓은 일자리 상황판은 안 봐도 답이 나온다.

최근 한국경제를 끌어가다시피 하는 삼성전자의 IM부문장도 얼마 전 뉴욕 '갤럭시노트9' 출시 기자간담회에서 "대한민국 젊은 사람들의 미래를 생각하면 등골이 오싹하다"고 등골 오싹론을 말했다. AI(인공지능), IoT(사물인터넷), 5G(5세대 통신기술) 등 미래 기술전쟁의 최전선에 있는 기업인으로서 심경을 솔직히 밝힌 것이다.

등골이 오싹했기에 삼성은 초일류기업이 될 수 있었을 것이다. 이건희 삼성회장은 '03년 신경영 10주년 기념사에서 "신경영을 안 했으면 삼성이 2류, 3류로 전락했거나 망했을지도 모른다는 생각에 등골이 오싹하다. 신경영의 성과를 어려운 국가 경제위기 극복과 국민 생활에 도움이 되도록 확산시켜 나가자"라는 뜻을 피력한 적이 있다.

아직까진 등골이 오싹할 만한 정도는 아니라 판단하겠지만 문대통령 지지율이 계속 내려앉는 분위기다. 지지율은 두 기둥에 의해 유지된다. 정서적 지지와 정책적 지지다. 정서적 지지는 분위기, 이미지 등이 왠지 호감이 간다는 것이다. 정책적 지지는 특정 정책으로 살림이 나아지고 사회와 나라가 건강해졌다는 정책 효과에 대한 반응이다.

기존 정권에 대한 반감, 통일에 대한 기대감, 대통령의 좋은 이미지 등으로 대통령과 집권여당에 대한 정서적 점수는 후하다. 그 후함이 최근의 정책적 지지 이반 징후, 특히 경제정책에 대한 우려를 어느 정도 방어해주는 형국이다. 정책적 지지는 쉽게 올라가거나 쉽게 떨어지진 않고 서서히 움직이는 반면, 이유 없이 올랐다가 맥없이 엉덩방아를 찧을 수도 있는 것이 정서적 지지의 특징이다. 정책보다, 정서적 지지에 의존하는 경향이 강한 현 정부여당은 어느 중견 의원이 말한 20~30년 집권을 위해선 정책적 지지를 키워야 한다. 그렇지 않으면 정서적 지지의 급변과 겹쳐 등골이 오싹한 상황을 맞을 수도 있다.

이런 상황일진데 대전의 집권여당을 끌어가는 국회의원과 당협위원장, 그리고 시장, 구청장, 시의원, 구의원들의 등골은 어떤지 묻고 싶다. 어느 지역 정치인들보다 더 오싹해야 한다. 대전의 경제는 더욱 심각하기 때문이다.

충청지방통계청이 발표한 〈7월 충청지역 고용 동향〉에 따르면 지난해 대비 대전의 취업자 수는 약 8,000명 줄었다. 고용률은 0.4%포인트 하락한 58.8%인 반면, 실업자는 약 32,000명으로 지난해 보다 약 1만명(42.4%)이 늘었다. 특히 실업률은 4.0%로 지난해 같은 달보다 1.2%포인트나 상승했다. 이 같은 실업률은 전국 평균(3.7%)보다 높은 수준이다. 게다가 대전은 세종, 충남, 충북의 고용률이 상승해 62.9%~65.8%에 이르고, 실업률도 2.5%에 머물고 있는 것과 비교하면 매우 좋지 않다. 거기에 4차산업 인력양성 현장에서 느끼는 4차산업특별시의 비전 또한 녹록치 않다. 카이스트 총장은 "중국의 추격을 보고 있으면 등골이 오싹하다"라고 말했다.

그런데 대전의 여당정치인은 지금 뭐하고 있는가? 혹시 대통령의 인기와 야당의 몰락과 통일 무드에 편승하고, 현 정부에 대한 시민들의 정서적 지지에 기대어 적당히 권력을 즐기고 있지는 않는가? 여당 정치인 누구나 정책에 대한 설득 노력을 하거나 경제 현실에 대한 양해와 함께 처방을 제시한 적이 있는가? 소득주도 성장이 되었든 혁신성장이 되었든 정부가 추진하는 정책에 대해서 대전시민이 이해하고 공유, 공감할 수 있도록 기명기사나 세미나나 어떤 형식이더라도 '권위 있는 해석'을 제대로 한 적이 있는가?

문 대통령 취임 이후 첨예하게 대립된 정책이슈들이 많지만 정부에 대한 정서적 평가 때문에 일방적으로 진행된 것들이 많다. 최저임금 대폭 인상, 52시간 근무, 비정규직의 정규직 전환, 공무원 17만 명 증원, 건강보험 급여 대상 대폭 확대, 원전 가동 축소, 국민연금 문제 등에 대전의 여당 정치인들이 어떤 생각을 펼쳤는지 나의 기억엔 없다. 대전의 실업자가 작년보다 약 1만 명이 늘어나고 실업률이 국가의 평균도 안 되는데 그 흔한 SNS를 통해서라도 걱정하고 대안을 마련해보려고 노력하는 대전의 정치인이 안 보인다.

이 어려운 경제 현실에 대전의 당·정은 매주 한 번도 부족할 판에 '분기에 한번' 협의체를 가동하겠다고 발표했다. 집권여당의 정치인은 더더욱 '역사적 책임'이 있다. 여당의 한 의원은 "지금 국민은 '무엇을 갖고 먹고살게 해줄 것인가'를 묻고 있다"고 말했다. 맞는 진단이다. 국민을 먹고 살게 할 역사적 책임이 있다. 대통령 인기에 그저 기대기만 했지, 등골이 오싹한 대통령과 함께 집권여당 정치인으로서 무엇을 했는지 자성해보길 권한다. 등골 오싹은 기우가 아니다. 실감하지 못하면 그대로 현실이 된다.

(디트뉴스24 '18. 08. 19)

대전판 뉴딜정책이 제대로 필요하다

정부가 〈한국판 뉴딜정책〉을 발표했다. 다양하게 엮여있긴 하지만 그 핵심은 4차산업혁명이고 결국은 디지털 기술발전이 근저다. 이런 국가 기조가 결국 내 삶에, 우리의 삶에 어찌 영향을 미칠 지가 관심이다.

이런 점에서 국가의 방향만큼이나 지자체의 역할이 중요하다. 한국판 뉴딜을 지자체에 어찌 구현해나갈 것인가가 지자체 관계자들에겐 숙제로 남는다. 이 역할을 국가로 돌리면 지방자치의 의미는 퇴색될 수밖에 없다. 결국 한국판 뉴딜의 지역판을 끌어가야할 주체들, 그들의 생각과 상상력이 매우 중요하다.

지금의 시대는 놀라운 기술의 혁신만큼 생각의 혁신이 따르지 못한다. 디지털시대 이전은 그 반대였다. 생각만큼 기술이 따르지 않았었다. 그러나 지금은 기술이 오히려 생각을 선도하는 경우가 많다. 그렇지 않아도 중앙대비 다소 혁신적 생각이 뒤쳐진다고 평가되는 지방정부는 더더욱 긴장의 고삐를 당겨야 한다. 기술혁신과 생각의 혁신의 갭(gap)이 더욱 커질지도 모르는 우려가 있기 때문이다.

게다가 지자체 간의 경쟁도 심하다. 자칫하면 경쟁에 뒤쳐지는 지역은 도태할 수 있다. 국가균형발전이라는 잣대로 국가에 손을 내미는 것도 한계가 있다. 언제까지 국가에 의존할건가?

마침 대전시도 대전형 뉴딜정책을 추진하겠다고 발표했다. 그런데 이왕 하려면 진짜 "뉴(New)"소리 듣게 제대로, 새롭게 했으면 싶다. 과거부터 추진하고 있는 정책의 재조정이 아니라, 미래 대전이라는 '도시'를 그려가며 이를 기반으로 하는 뉴딜정책을 생각해야 한다.

나는 무엇보다도 대전의 미래는, '카이스트가 있고 대덕연구단지로 상징되는' 과학도시에 있다고 생각하는 그 옛날의 추억에서 벗어나, '존재하지 않는 미래를 바라보며 무엇을 어떻게 할 것인가?'를 고민하는 사람들의 생각, 그 상상력에 달려 있다고 생각한다.

지방정부가 중앙정부에 기대고, '뉴딜'이 아닌 과거와 다르지 않은 '올드(old) 딜'을 할 때, 한국형 뉴딜정책은 그 많았던 정책 중의 하나 즉 완오브뎀(one of them)으로 전락되고, 국민들은 나하고는 상관없는, 더 나아가선 늘 하던 돈쓰기 정책으로 인식할 것이다.

모쪼록 대전시 모든 공무원들이 일반인들에게도 날아오는 한국판 뉴딜정책 세부내용을 숙독하고 대전을 위해 무엇을 할지 고민하고 바깥의 사람들과 대화하며 그 의견을 듣는 기회가 되었으면 좋겠다.

그리고 또 하나, 코로나19 이후의 도시의 역할도 매우 중요한 문제다. 4차산업혁명과 한국판 뉴딜정책은 삶의 편의성 문제일 수 있지만 코로나19 문제는 삶 자체에 대해 문제를 제기하기 때문이다. 대전시는 진지하게 이 문제들을 근본적으로 고민해야 하겠다.

('20. 7. 19 노트에서)

대전 LNG발전소, 재앙인가 발전인가?

시정 팀워크, 모든 것을 걸어라

'03년 부안군이 중앙정부의 장기 미제 국책사업인 방폐장(중저준위 방사성폐기물처분장)을 지역발전을 위해 유치하겠다고 발표하면서 '부안사태'는 시작되었다.

암행어사 박문수가 살기 좋은 곳이라는 뜻으로 생거부안(生居扶安)으로 불린 이곳 6만 인구는 1년여 동안 갈가리 분열되었다. 주민 160여 명이 기소되었고 경찰과 주민 500여 명이 중경상을 입을 정도였다. '07년 방폐장은 결국 신라의 천년 고도 경주로 넘어갔다. 한국수력원자력은 경주를 동해안 원자력 클러스터로 성장시키고 있으며, 경주시는 인센티브로 한수원 본사 이전과 양성자가속기 설치, 특별지원금 및 국비지원 사업을 받았다. 폐기물 반입에 따른 수수료도 매년 80억원 이상을 받고 있다.

'18년은 광주형 일자리가 화제였다. 고액 연봉을 받는 일부 노동자단체의 반대로 오랜 기간 번복을 겪었지만, 청년일자리, 지역경제, 국가기간산업이라는 명분으로 광주시민이 적극적으로 밀어줘서 성공했다. 시장과 지역 국회의원 등 정치인, 게다가 정부와 대통령까지 나서서 지원을 약속했다. 한때 광주가 안한다면 우리 고장으로 유치하자라는 주장들이 SNS에 나돌았고 내선노 마잔가지였다.

최근 LNG(천연액화가스)발전소 논란이 뜨겁다. 충북 음성은 LNG 발전소 건립에 대한 주민반대가 거세게 진행되고 통영은 더 나아가 법적 소송은 물론 보궐선거의 정치적 이슈가 되었다. 그런데 3월 초 분란이 심했던 제주도가 돌아섰다. 제주도 역시 발전소 건설로 파행이 컸지만, 제주지사는 서귀포에 LNG발전소 착공식을 밀어붙였다.

그리고 때맞추어 수소경제 TF팀 구성을 통해 수소경제 이행을 위한 필요 사항과 정책 방향을 설정, 적극적 추진 의지를 보이고 있다. 현재 수소를 확보·생산할 수 있는 가장 싼 방법인 LNG 공급 인프라가 만들어지기 때문이다.

정부는 '17년 12월 발표한 〈제8차 전력수급기본계획〉에서, 원전과 석탄 발전 의존에서 벗어나 LNG와 신재생에너지 발전을 키우는 방향으로 전력 정책의 전환을 발표했다. 탈원전은 현정부와 과거 보수정부의 정책 방향이 다르지만 LNG만큼은 일관되게 중요한 정책으로 삼는다. 그러나 막상 지역에 발전소를 건설하려고 하면 논란이 생긴다. 그 주원인은 지역에 미치는 영향 때문이다. 공통적으로 미세먼지 등 환경문제의 부정요인과 일자리 경제효과와 에너지 자급률 등 긍정요인이 대립한다.

대전도 최근 LNG발전소 문제가 쟁점화 됐다. 시청과 한국서부발전은 서구 평촌공단에 1조 8천억원 규모의 LNG 발전소를 건설하는 내용의 투자 협약식을 가졌다. 발전소 건설 과정에 85,000명의 일자리가 창출되고, 완공 뒤 650억원(30년간 누적 금액)의 세수 증대가 기대된다는 게 대전시의 설명이다. 현재 1.9% 수준인 대전의 전력 자급률이 60%까지 높아진다고도 했다.

그런데 장밋빛 소식은 곧 된서리를 맞았다. LNG 발전소는 석탄 발전소에 비해 환경오염이 적은 것으로 알려져 있으나 그렇지 않다고 주장하는 전문가 의견이 제기되었다. 어느 카이스트 교수는 언론 인터뷰로 "LNG 발전소에서는 신형 자동차 100만대가 배출하는 정도의 미세먼지 유발물질이 발생한다"고 주장했다. 여기에 지역 시의원이 정보공유와 설득과정의 문제를 추가로 제기하며 정치이슈화가 시작되었다.

대전의 발전소도 음성이나 통영처럼 계속 찬반대립의 늪에서 허우적거릴까? 반목과 분열의 상처만 남겨선 안 된다. 갈등으로 얼룩진 소모전이 되어선 안 된다. LNG발전소 유치를 결단한 대전시는 부정과 긍정요인 사이에서 많은 고민을 했을 것이다. 특히나 인근 주민들의 반발과 환경문제에 대한 전반적 걱정들을 감수하고라도 경제적 파급효과 등을 고려해서 결단을 내렸을 것이다. 나 역시 절차나 설득의 문제 등 일부 문제점을 더하여 비판의 눈이 아직 남아 있지만, 그래도 대전은 중앙정부의 정책 방향과 호흡을 맞춰 새로운 산업을 앞서 끌어와야 한다고 나는 생각한다. 현재로는 좋은 면만 보일지 모르는 4차산업혁명 특별시를 위한 신산업뿐만 아니라 LNG 발전소처럼 현재 문제도 있지만 돈과 경제가 될 수 있는 기간산업도 그 문제해결 방안과 함께 유치노력을 전개해야 한다. 시장은 강력한 팀워크로 지역경제 활성화와 일자리 창출에 명운을 걸어야 한다.

LNG발전소 유치가 대전시민의 지지, 아니 최소한 반대의견을 줄이려면 앞으로 몇 가지 모습을 보여야 한다. 첫째, 무엇보다 중앙에서 활동하는 지역 국회의원들이 목소리를 내줘야 한다. 차기 총선을 앞두고 눈치만 보며 뒤로 숨어선 안 된다. 특히 집권당 의원은 시장에게 모든 짐을 던져놓아선 안 된다. 이들이 뒷짐 지고 있는데 주민 설득이 되겠는가? 눈치 보지 말고 문제해결을 위해 대전시와 팀워크를 형성하여 적극 나서야 한다. 이에 더하여 중앙정부와 여당에 더 큰 요구를 해야 한다. 반대도 컸지만 중앙정부 에너지정책에 적극적인 대전으로 새로운 산업이 들어와야 한다고 중앙에 청구서를 들이밀어야 한다.

둘째, 대전시는 제대로 비전을 보여줘야 한다. 지금은 사실 발전소외엔 그림이 없다. '청정산업단지 구상에 발전소가 웬말인가?' 의아심을 가질 수밖에 없다. 우선 청정산업단지로서 평촌산단에 종합적인 계획과 구체적인 그림을 만들어야 한다. 그리고 시 전체에 연결되는 산업적 파급의 큰 모습을 보여줘야 한다. 제주도가 보여주는 수소경제가 예가 될 수 있다. 많은 지자체가 수소차를 연구한다. 수소차의 에너지원으로서 LNG발전소의 미래도 구상해볼 수 있다. 대전시가 천명한 수소산업 활성화를 위한 '수소산업 전주기 제품 안전성 지원센터 구축 사업' 등 다양한 수소산업과 연계한 대전만의 큰 그림도 준비해 볼 필요가 있다.

셋째, 대전시 공무원이 강한 팀워크로 지역주민 설득과 대전 시민과의 공감 확보에 매진해야 한다. 현재는 발전소유치 관련하여 반대의견이 크다. 발전소 문제는 다른 지역 역시 반대여론 가능성 때문에 충분한 주민공론화 작업 없이 선(先)발표하는 경향이 짙었다. 그래서 절차와 설득 노력에 대한 반발은 충분히 이해할 수 있는 대목이다. 이제부터라도 사업의 비전과 실질적 이익을 충분히 설득해 나가야 한다. 시장부터 담당 국,과장이 나서서 글로, 방송으로, 그리고 지자체의원들을 만나 지속적으로 설득하고, 환경운동가 출신의 자문관은 환경 등 시민단체로 뛰어야 한다. 이렇게 대전시청의 팀워크를 유감없이 발휘해야 한다.

갈등을 조정하고 해결하는 것이 행정이다. 문제점을 해결하고 이를 더 나은 기회로 전환시키는 것이 정치다. 행정력과 정치력을 보여줘라. 이를 만드는 정치와 행정, 그 팀워크를 보여줘라.

(디트뉴스24 '19. 03.28)

의원님, 이젠 방사성폐기물로
돈 끌어오세요

　대전의 한 중견 국회의원은 예산안 상정 질의에서 매년 원자력환경공단 중·저준위 방사선 폐기물(이하 방폐물) 예상 인수량과 실제 인수량 차이를 지적하며 대전지역 방폐물 인수를 촉구했다. 이에 주무 산업통상자원부장관은 "원자력연구원과 한전원자력연료 등에 보관중인 중·저준위 방폐물을 이르면 12월부터 이동시킬 것"이라고 답변했다.

　대전은 도심 내 주요 원자력 시설이 있어 주민안전에 걱정인 게 사실이다. 게다가 의원질의에 따르면 다량의 폐기물이 장기 저장중인 상태로, 전국에서 두 번째로 많은 약 29,800드럼의 중·저준위 방폐물과 사용 후 핵연료 4.2톤을 보관 중이라고 한다.

　이런 상황에서 신속한 이전처리 등을 해당부처에 요청한 것은 늦었지만 잘한 일이다.

　그런데 지금부터가 중요하다. 방폐물 문제는 이전 촉구만으로 끝내선 안된다. '일체의 신속한' 이전을 행하게 하던지, 그것이 국가적으로 현실 여건상 안 된다면 이에 따른 응분의 보상 등 대책을 합법적으로 취하던지 분명히 그 선택지를 향해 뜻을 모으는 작업을 당장 수행해야 한다.

최근 나는 '대전시장에 보내는 제언'이라는 글에서 지역 국회의원과 협업하여 중앙정부의 돈을 끌어오는데 주력하라고 주문했다. 전임시장 때까지는 '광고세'뿐인 대전시 신(新)세원에 더하여 새로운 '(특정 자원분) 지역자원시설세'를 모색하여 지방재정 강화에 기여하는 길을 열어가라고 제언했다. 바로 이런 대목이다. 현재 대전이 보유중인 중·저준위 방폐물과 사용 후 핵연료의 이전 촉구를 넘어 '일체의 신속한 이전'이 어렵다면, 어차피 현재 보유중이거나 앞으로도 계속해서 임시보관 해야 할지 모를 방폐물에 대해 '지역자원시설세'를 신설해 지방세 신재원 확충에 조금이나마 기여하라는 이야기다.

지역자원시설세는 천연자원 등 각 지역의 특성과 관련된 분야에 과세할 수 있는 세목이고 임의세(선택과세)이기 때문에 여러 지자체와 지역 국회의원들이 새로운 세원으로 제안되어 왔다. 특히 환경오염이나 안전문제를 유발하는 분야에 대한 과세대상을 추가하는 노력들이 이 명목으로 전개되었다.

한 연구논문에 따르면, 방폐물을 지역자원시설세로 하는 지방세법 개정안의 경우, 20대 국회에서만도 여러 의원이 '원자력사업자'를 납세의무자로 하는 안을 발의했고, 대전 출신의 한 비례대표 의원은 이에 더 나아가 '원자력발전소와 원자력연구소, 핵연료제조시설 등에 임시저장하고 있는 자'도 납세의무자에 포함하는 안을 발의한 바 있다. 발의안에 제시한 과세율은 사용 후 핵연료는 다발 당(當) 정가 책정방식 또는 단위 발생량 당 소요비용의 1.7%부과방식이며, 기타 방폐물은 드럼 당 40만원으로 세 의원 모두 같다. 현재 대전 내에 지깅 중인 약 29,800 드럼의 방폐물만 따져 봐도 드럼 당 40만원으로 계산하면 120억원에 육박한다.

방폐물 처리와 관련해선 '부안사태'라 일컬어질 정도로 사회적 갈등 사안이었고, 그 갈등을 감수하고 현재 방폐장을 유치한 경주는 엄청난 돈을 끌어갔다. 연구소와 시설이 있는 대전은 관련부처장관이 사실 확인했듯 방폐물을 장기 저장하고 있는 실정에도 어떤 대응을 했는가? 문제제기 조차도 미미한 실정이었다.

의원이 질의한대로 경주 방폐장으로 이전을 촉구하는 것도 좋다. 그러나 이전한다 해도 당분간 이전 계획된 방폐물량은 1,890드럼으로 6.3%에 지나지 않는다. 연구시설이 있는 한 방폐물이 더 늘어날 공산이 크다. 그렇다면 다른 지역처럼 관련된 사업자로부터 임시저장에 대한 보상이라도 받으려는 정치적, 행정적 노력이 필요하다. 빠른 시간 내 방폐물 일체를 이전시키든지 아니면 응분의 보상을 요구하든지, 이런 문제야말로 반드시, 그리고 조속히 해결해야 할 지역의 중대한 현안이 아니고 무엇인가?

방폐물을 지역자원시설세에 추가하는 것에 정부부처는 미온적 태도이지만, 이미 선진국에선 인정하는 추세다. 논문에 따르면, 스페인은 '핵폐기물 발생세, 핵폐기물 저장세'를 연방정부가 과세하고 있으며, 일본은 '사용후 핵 연료세'를 지자체에서 과세하고 있다.

지방재정이 녹록치 않은 상황에 조금이나마 실질적으로 기여하는 계기가 되길 바란다. 그리고 조금 더 큰 기대라면 하나의 지역현안을 갖고 지역출신 국회의원이 여야를 떠나 공동의 관심으로 협업하고, 지방정부가 함께 숙의해서 중앙정부를 설득해 지역발전으로 이끌어내는 좋은 선례를 일구었으면 좋겠다.

대전도 이젠 힘을 좀 보여줘야 하지 않겠는가!

(디트뉴스24 '18. 11. 08)

2

지켜낼 것은 반드시 지켜내자

행정수도이전, 정석대로 해라

　행정수도 이전 논의가 거세다. 집권여당 원내대표가 국회 교섭단체 대표연설에서 이 카드를 꺼낸 이후 대선주자들이 적극적으로 가세하여 발언하는 등 여권은 일사불란하게 한목소리를 내고 있다. 여권은 문재인 대통령이 한국판 뉴딜정책을 발표하며 그 중심은 지역균형발전이라 운을 띄운 이 지점에서 행정수도 이전의 당위성을 끌어가고 있다. 지방권력을 대부분 장악하고 있는 상황에서 자연스레 '행정수도이전=지역균형발전'이라는 등식을 만들고 이 명분을 십분 활용하여 전국적 여론을 몰아가고 있다. 야권은 이러한 명분에는 찬성하면서도 그 의도에 촉각을 기울일 수밖에 없다. "부동산 실패를 모면하기 위한 국면전환용, 선거용 카드가 아니길 바란다"는 정의당 대표의 날 선 비판에 모든 입장이 담겨 있다 해도 과언이 아니다.

　사실 청와대와 국회의 이전을 통한 행정수도 완성이라는 논의는 여야 할 것 없이 지속적으로 제기해왔다. 특히 충청 정치권엔 최대의 과제이다. 그러나 중앙정치에서의 반향은 거의 없었던 것이 사실이다. 그렇기 때문에 왜 이 시점에 행정수도 이슈가 갑자기 불거졌느냐가 가장 중요한 문제일 수밖에 없다. 수도권의 집값 폭등으로 인한 부동산 여론 악화가 극에 달한 이 시점에 수도 이전을 주장하는 것은 부동산 정책 실패의 책임을 덮기 위한 것 아니냐는 의심을 받기에 충분하다.

지역균형발전을 위한 행정수도 이전은 기본적으로는 맞는 방향이다. 그러나 현실정치의 세계에선 이슈의 배경과 향후 추진과정을 둘러싸고 이전투구의 장이 될 수 있고 나아가 선거 정국과 맞물려 국론이 심각하게 분열될 소지가 다분하다. 벌써부터 민주당 대표의 "서울처럼 천박한 도시" 발언이 정국 이슈화되지 않았는가? 정치권은 보다 정책의 깊이를 더해 진정성 있게 논의를 이끌어가는 것이 필요하다. 이런 관점에서 3가지가 중요한 문제라고 본다.

첫째, 행정수도의 방향성이 분명히 제시되어야 한다는 점이다. 이는 우선 서울과의 관계성에서 풀어가야 한다. 단순히 수도권 인구분산이나 부동산 혼란의 해법이라는 네거티브 발상에서 풀어가선 안 된다. 수도권 주민들의 불안을 가중시켜 제로섬이 되는 결과가 돼선 안 된다. 최근 워싱턴-뉴욕 모델을 벤치마킹하여 세종은 행정수도, 서울은 글로벌 경제수도로 만드는 방안을 검토하는 것으로 알려지고 있다. 행정수도 이전은 서울의 축소나 쇠퇴가 아닌 상호 원윈(win-win)의 포지티브 접근으로 추진되어야 한다.

둘째, 추진과정에서 국민공감대 형성을 위한 절차적 타당성이 담보되어야 한다. 특히 이 사안은 개헌이나 이에 준하는 국민적 동의

가 반드시 필수적임을 명심해야 한다. 이미 '04년 헌법재판소는 위헌판결을 내린 사실이 있다. 당시 헌재는 청와대와 국회의 서울 소재를 근거로 "수도 서울은 관습 헌법"이란 취지로 판결했다. 이 판단 속엔 청와대와 국회를 이전하려면 개헌을 해야 한다는 의미가 담겨 있다. 게다가 개헌은 헌재가 제기한 관습헌법 그 이상의 성문헌법이기에 자연스레 권위를 확보하는 길이다. 그런데 여권 일각에선 개헌이나 국민투표까지 안 가도 되고 기존 행복도시법개정이나 특별법 제정 수준에서 할 수 있다는 이야기가 모락모락 나오고 있다. 최근 여권의 모습을 봤을 때 이 사안 역시 충분한 국민적 공감대 없이 밀어붙일 가능성이 없지 않아 보인다. 그러나 행정수도 이전은 국가 미래를 좌우할만한 중대 사안이다. 개헌이나 국민적 동의가 반드시 필요하다.

셋째, 정책은 철저하게 준비되어야 하며, 정치적 판단에만 의존해 결정되면 안 된다. 최근 논의는 출발 자체가 정책적 고려보다는 정치적 계산법이 강하게 작동되어 급작스레 진행되고 있는 것이 사실이다. 국가정책이나 행정은 '갑자기'가 아니라 '마침내'가 되어야 한다. 치열하게 내부 검토 및 논의, 부처 간 협의 그리고 정책결정권자의 최종 결정, 그리고 공론화를 통한 국민공유, 여론 수렴 및 정치적 협의를 거쳐 국민의 최종결정을 얻어야 한다. 그런데 최근 논의는 거꾸로 가는 모습을 보는 듯하다. 지나치게 정치의 기술에 이끌려 가고 있다. 모든 문제는 정치의 시각이 아니라 국가와 도시의 미래를 위한 정교한 논리와 치밀한 공조, 그리고 진정성 있는 접근이 필요하다.

행정수도 이전의 닻이 올랐다. 순항할지 난항할지는 앞으로의 모습에 달려있다. 국민은 결과도 결과지만 그 논의과정에서 논의주체들이 보여주는 모습을 평가할 것이다. 그리고 평가결과를 투표로 보여줄 것이다.

(시사뉴스 '20. 7. 31)

혁신도시 대전, 끝을 보자

갤럽이나 리얼미터 등의 조사기관에서 이런 설문을 전국민을 대상으로 여론조사한다고 가정해보자.

질문) 다음 중 기업·대학·연구소·공공기관 등의 기관이 서로 긴밀하게 협력할 수 있는 혁신여건과 수준 높은 주거·교육·문화 등의 정주환경을 갖춘 도시에 가장 가까운 도시는 어디일까요? _____
① 원주   ② 김천   ③ 대전   ④ 나주

사회 돌아가는 것에 익숙한 사람들 아니고선 아마도 잘 모르거나 오답인 3) 대전을 고를 가능성이 높아 보인다. 위의 설문 문항 앞에 '이전하는 공공기관을 수용하여'와 뒤에 '「혁신도시 조성 및 발전에 관한 특별법」 에 따라 개발하는 미래형도시'라는 어구를 넣으면 이 설문은 혁신도시의 정의(definition)가 된다.

우리나라에서 〈혁신도시〉는 '공공기관의 이전'에 방점을 두고 있다. '귤이 넘어와 탱자가 된다'는 말이 있듯, 〈혁신〉이라는 매력적 언어가 참 많이 변질된 듯 보인다.

그런데 문제는 우리나라식 〈혁신도시〉 관점에선 대전은 절대적 손해를 보고 있다는 점이다. 혁신도시 지정이 시작된 노무현정부 이전에 이미 정부3청사가 내려와 있고 수자원공사, 철도공사, 조폐공사 등의 공공기관이 내려와 있다. 대덕연구단지와 대학 등 과학·연구 인프라가 즐비하게 깔려있고, 주거·교육·문화 등의 정주 환경은 항상 상위를 달린다. 게다가 옆에 최신식의 세종시가 있다. 인식으로는 혁신도시인데 실제는 혁신도시가 아니다.

이러니 수도권의 많은 이들은 '혁신도시가 아닌 대전'을 혁신도시로 당연시 여길 수 있고 정치권은 더욱 그렇게 생각하는 듯하다. "그만큼 국가에서 줬으면 그만 좀 가져가고 그만 좀 바래라"식의 인식이다.

대전시와 지역 정치인들은 최근 모처럼 하나가 되어 '대전혁신도시' 지정 문제에 한 목소리를 내고 있다. 그런데 중앙의 인식 때문인지 만만치 않아 보인다. 그래도 포기해선 안 된다. 다만 유심히 살펴보니 "뭘 달라"는 식이 아니라 "인정하라"라는 접근이 유효할 듯하다.

그런 의미에서 「혁신도시법」 시행 이전 지방으로 이전한 공공기관도 지역 인재를 채용할 수 있도록 하는 수정 법안의 통과는 의미가 있다. 이미 이루어진 공공기관 이전에 대한 '소급적용'이 이루어진 것이다. 이를 발판으로 이미 많은 부분 실체(fact)가 있고 중앙정치인들을 포함하여 국민들이 많은 부분 인식(perception)하고 있는 기업·대학·연구소·공공기관 등의 기관이 서로 긴밀하게 협력할 수 있는 혁신여건과 수준 높은 주거·교육·문화 등의 정주환경을 갖춘 도시에 가장 가까운 도시, 대전을 설득하여 혁신도시로의 소급적용을 받아내는 전략이 필요하다.

이것은 더 달라는 것이 아니다. 이미 법에 적용되고 사전에 정의된 혁신도시의 개념에 맞게 대전을 인정하게 하고, 이를 설득해 가자는 것이다.

국가 전체적으로 봤을 때 앞으로 만들어나갈 혁신도시도 의미가 있겠지만 현존하는 도시의 혁신도시화도 의미가 있음을 설파해야 한다. 게다가 대전의 숙제인 실질적 〈4차산업혁명특별시〉, 그것만큼 혁신도시로서의 본연의 자격이 어디 있겠는가? 시간이 걸릴 수 있다. 그러나 끝까지 해보자.

('19. 7. 19 노트에서)

중기부 이전반대에 한 점이 되어

① 청와대 세종시 이전

② 국회 세종시 이전

③ 중소벤처기업부 세종시 이전

충청권에 걸려 있는 '이전' 관련 현안들이다. 그런데 일천만 서울시민들에겐 어떤 것이 가장 민감한 이슈일까? 일단 ③은 아닌 것 같다.

'21년엔 서울시장보궐선거가 열리고, '22년엔 대통령선거와 지방선거가 열린다. 선거에서 서울은 가장 중요한 지역이다. 서울시민의 가장 중요한 현안은 부동산문제다. '이전', 이는 부동산에 영향이 있는 문제이고 따라서 선거와 직결된 정치문제다.

그렇기에 정부여당 입장에서 청와대는 옮기기엔 불가능할 정도로 부담스러울 것이고, 국회 이전은 어느 수준으로 할 것인지 정치적으로 고민할 것이고, 중기부는 별 관심 없는 작은 이슈이다.

여기서 대전이 조용하면 '잘 됐구나' 하며 중기부는 슬그머니 옮겨갈 것이고, 그렇지 않으면 정부여당은 고민하는 척 할 것이다. 때론 백지화 비슷한 모션을 취하다가 슬그머니 이슈가 가라앉으면 다시 옮기네 마네 군불을 떼다가 결국은 이전을 추진할 것이다. 항상 그래왔다. 그래서 과학벨트도 쪼개졌고, KTX호남선 서대전역도 망가졌다. 그리고 시간이 지나면 우리는 잊고 살아간다.

정치인들은 언제 그랬냐는 듯 마치 자신이 권력의 실세인 양, 모든 일을 다 한 것인 양 다시 그 허세로 돌아온다. 다른 지역은 1조원짜리 프로젝트 따왔다고 현수막 나부낄 때, 대전은 달랑 몇 억원짜리 유치했다고 현수막 빵빵하게 붙인다. 낯 뜨겁다.

행정도 마찬가지다. 작아진 과학벨트는 모든 지자체가 다하는 4차산업에 대충 묻어 특별시로 포장되고, 망가진 호남선 서대전역은 광역철도망이라는 당연히 만들어야 할 지역교통망으로 관심을 몰아댄다. 이런 속에 대전의 인구가 147만명도 무너졌다는 소식이 더욱 우리를 착잡하게 한다.

왠지 이유 있는 추락이라 그 아쉬움이 더해진다. 작아진 과학벨트가 잊혀져간 것처럼, 서대전역이 잊혀져간 것처럼, 중기부도 그 쓸쓸한 길을 걷지 않을까 싶다. 그 안타까운 마음에 나는 중기부 이전을 반대하는 147만 대전시민의 한 점이 되어본다.

('20. 11. 14 노트에서)

중기부 ②

싸움도 싸움이고 협상도 싸움이다

　중소벤처기업부를 세종시로 이전하는 「중앙행정기관 등의 이전계획변경(안)」에 대한 공청회가 열렸다. '이전' 방침 하에 짜놓은 각본대로 형식적인 수준에서 마무리됐다는 평가가 많다. 대부분 찬성론자들이 토론자로 나서며, 마치 쇼잉(showing)하는 모습으로, 요즘 유행하는 '절차적 타당성'을 보여주기 위한 공청회인 듯하다. 이젠 대전시 내에서도 '투 트랙(two track)'전략이 나오는 것을 보니 중앙부처의 전략이 거의 먹혀들고 있는 듯하다.

　늘 그래왔다. 대전시 정치·행정 권력의 특별한 대응전략도 없고 정치력도 없기에 늘 그렇게 중앙권력의 의도가 그대로 관철되어 왔고, 이슈에 대한 반응이 한참 오르다가 어느덧 흐지부지되는 토양이 형성되어 있기에 중앙권력은 이를 파악하고 활용하곤 했다. 그 대표적 예가 서대전역 KTX문제다.

　다시는 이런 핫바지로 인식돼선 곤란하기에 중기부 세종이전을 우리는 결사적으로 싸워 막아야 하는 것이다. 그런데 벌써 투 트랙

이 나온다. 이것이 문제다. 벌써 한 발 지고 들어가는 게임이 되어버렸다.

좋다. 투 트랙 이야기가 계속 나오는 김에 따져보자. 그럼 투트랙은 무엇인가? 그냥 막연하게 한 트랙은 싸우고, 또 다른 트랙은 협상해서 다른 무슨 정부기관을 가져오는 것? 이런 막연한 생각으로 트랙을 얘기해선 안 된다. 싸움도, 협상도 고도의 전략과 전술이 있어야 한다. 각자 대전의 실질적 이익(bargain)을 위한 '명분과 실리'라는 목표를 잡고, 그 전술적 대안을 합법적, 과학적으로 제시하며, 싸움 또는 협상의 주체들이 명확한 미션과 역할 하에 전투에 임하는 것이다.

우선 싸움이다. 싸움은 피터지게 하되, 제대로 붙어야 한다. 그냥 시민들의 현수막 걸고 피켓 시위하는 데에 싸움을 의존해선 안 된다. 시장과 국회의원들이 싸움의 선두에 서야 한다. 그래서 나는 대전의 한 국회의원이 대표발의하고 그 외 5명의 대전 국회의원이 공동발의에 참여한 「행복도시법 개정안」을 마치 공수처법 밀어붙이듯, 국회에서 표결처리해서 통과시키는데 올인하라는 제안을 했다. 이 법안 통과를 위해 국회의원과 시장이 발 벗고 나서 로비도 하고 충청의 힘도 보여주고, 안 되면 싸우고 그런 모습을 보여주라는 얘기다. 이것이 안 되면 단식농성이라도 하고, 이것을 못하면 삼보일배라도 하라는 얘기다. 모두 다 말뿐인데 싸움이 되겠는가?

둘째, 협상이다. 공청회에서 전문가들은 '부처는 부처끼리, 청와대는 청와대끼리'의 논리를 말하며 행정 효율성을 강조했다고 한다. 중기부와 중앙권력의 이전 논리의 핵심은 부처 간 행정효율성 논리일 것이다. 그래 좋다. 그렇다면 협상의 출발점은 여기서 시작되어야 할 것이다. 정부조직법을 들여다보라. 정부조직도를 펼쳐보라. 그리고 대전정부청사에 어떤 청이 있는가? 생각해 보라. 우선 기재부 산하에 4개의 청이 있다. 국세청, 관세청, 조달청, 통계청이 있다. 3개의 청이 대전에 있는데 국세청만 세종에 있다. 전문가 논리대로라면 국세청이 대전으로 와서 4개의 청이 함께 있는 것이 행정효율성을 높이는 길이 아닌가? 왜 이런 주장을 못하는가? 정부부처 중 가장 힘이 세다고 하는 기재부를 공략해야 이전 주무부처인 행안부와 당사자인 중기부가 더욱 골치 아파지는 것 아닌가? 몇 개 부처에 이런 연결고리가 보인다. 틈을 보고 집요하게 물고 늘어져야 하는 것이 협상이다.

그래서 협상도 싸움이다. 그저 '뭘 줄까?' 기다리는 상황이라면 협상이 제대로 되겠는가? 싸움도 싸움이고 협상도 싸움이다. 정말 이번만은 제대로 된 싸움을 해보자.

대전의 힘, 제대로 보여주자.

('20. 12. 21 노트에서)

'그렇지유 뭐'가 되버린 중기부이전의 아픔

중소벤처기업부 이전이 공식 확정되었다. 절대사수라는 의지 하에 글도 글이지만 처음으로 피켓팅도 하고, 그렇기에 더욱 아프다. 그 과정에 보여 준 정치권과 대전시 정책결정권자들의 무력함과 이를 가리려 했는지 화려한 쇼잉의 모습에 화도 난다.

중앙정부정책을 경험한 나로선, 이슈화가 됐을 때부터 이미 결정은 끝났고 선거와 맞물려 이전확정의 시점만 남은 문제라 생각했었다. 그래도 이 문제는, 쪼개진 과학벨트나 KTX서대전역처럼 우리 것을, 애초에 있던 것을 뺏기는 문제이며, 이 싸움 속에 해결을 위해 지역 정치권과 대전시가 어떤 모습을 보일지 궁금했었다.

역시 무능했다. 쇼만 했지 실제 아무것도 한 것이 없다. 처음 「행복도시법」 개정을 발의하고 이를 지역 언론이 대서특필했을 때, '글쎄.. 이제 와서 무슨?', '딴 지역 의원들은 참여를 안했네?', '법안통과는 어떻게 시킬거고?', '발의가 아니라 통과가 답인데..' 이어지는 의문에 웃음이 나왔다. 기상청의 대전 이전이 어느 글에 잠깐 비쳐졌을 때, 정부에서 정책의 확정단계에 이르렀구나 생각이 들었다.

'현재 시당국은 이 논의에 참여하고 있을까?', '어떤 강단 있는 주장으로 무엇을 얻어낼까?', '이긴 딜(deal)을 해본 적이 있는 시정일까?' 계속되는 회의감 속에, 청 단위가 행정효율성을 위해 대전에 모이는 딜과 함께 기재부 산하 유일하게 대전 밖 세종에 있는 국세청을 테이블에 올려 판을 흔들어야 한다고도 생각했었다. 아니면 계룡시 3군본부와 국방과학연구소, 대덕연구단지를 연결하여 국방산업 고도화를 위해 과천에 있는 방위사업청을 달라고 해야 한다고도 얘기했었다.

집권여당이 천막농성을 시작했다. 이젠 이전이 확정됐고 절차만 남았다고 생각됐다. '정치인들이 인증샷을 남기려는 마지막 순간이구나!', '시민들에게 욕을 덜 먹으려고 싸우는 척 하네', '시민들 참여 유도는 되려 시민의 관심부족과 참여 저조도 한몫 거들었다고 면피효과 만들기 아닐까?'

관제시위가 됐든 자발적 릴레이가 됐든, 순수한 마음이든 정치적 목적이든 인증샷이 SNS를 달구었지만, 결국 절차를 밟았다는 시늉 뿐인 공청회와 함께 정부 수장인 국무총리의 지긋한 발언과 대전 정치권과 대전시 정책결정권자의 '미안해유~^^'는 마치 '그렇게 됐네유~^^'로 우리들에게 다가온 채, 중기부 이슈는 대전시민의 마음속에 서서히 식어갈 것이다.

늘 그랬던 것 같다. 과학 벨트 반 토막도, KTX 서대전역 문제도, 그리고 오늘 중소벤처기업부 이전도. 이렇게 내 것을 뺏기는 것과 같은 화가 치밀어 분해하다가, 서서히 정치의 무력, 행정의 무능으로 막힘에 시민들은 발을 동동 구르는 동안, 그 정치와 행정의 '정말 미안해유~^^'에 시민들은 '그렇지유 뭐' 하며 다시 일상으로 돌아온다.

조국백서(曺國白書)와 조국흑서(曺國黑書)가 있듯, 중기부백서와 중기부흑서라도 있다면 '그렇지유 뭐~^^'가 다시는 없을까? 정말 무능하다. 그 무능한 이들의 쇼잉에 참담할 뿐이다.

('21. 1. 16 노트에서)

베어진 향나무에 곡(哭)힘

　형편없는 행정에 대해 창피하다는 생각을 지나니, 이젠 '참 무서운 세상'이라는 생각이 머리를 짓누릅니다. 사람과 사람의 소통과 그 협력이라는 아름다운 이름, 〈소통협력공간〉의 미명하에 80년 나이의 향나무 128그루는 어이없이 잘리어졌습니다.

　국가에서 57억원이라는 거액을 줄 정도로 값진 언어, 소통은 정작 집주인인 충남도청과의 소통도 무시하고, 새 주인이 될 문화체육관광부와의 소통도 건너 뛴 그들만의 소통이었습니다.

　그 소통은 아마츄어 행정수준의 실상을 적나라하게 보여준 책임자 어공(어쩌다 공무원)에게 '배우고 때로 익히면 또한 즐겁지 아니한가'를 연상할 정도로, 책임자의 입에서 흘러나온 행정에 대한 '공부'를 일깨워 준, 그들만의 역량 강화를 위한 소통이었습니다.

　그리고 그 소통은 사업 추진 당시 담당국장을 역임하며 전결권을 행사한 사람에게 사안에 대한 감사를 총지휘할 권한을 부여할 정도로 그들만의 소통에 빈틈을 보이지 않는 소통이었습니다.

　그 소통은 1932년 공주에서 대전으로 이전하면서 세워진 등록문화재 제18호인 충남도청사의 80년 역사, 그 역사와의 소통은 헌신짝 버리듯이 버려버린 오직 현재를 위한 소통이었습니다.

그 소통은 나무를 베는 톱에게도 진한 향내를 선물한다는 향나무, 그 자연과의 소통을 잘라버린 오직 인간만을 우선시하는 이기적 인간들의 소통이었습니다.

그 소통을 넣을 공간엔 몇 개의 방들이 꾸며질 예정이었다고 합니다. 사회적 자본, 혁신, 공유, 코워킹(협력), 삶, 시민 등, 세상에 좋은, 의미가 있는 언어는 다 담겨져 있는 것 같습니다. 소통은 그 좋은 단어들을 욕보인 무서운 언어가 되었고, 그 담겨질 단어들 또한 덩달아 무서워지게 하는 소통이 되었습니다.

이 무서운 일이 펜스에 가려진 채 지난 해 6월 벌어진 일이라고 하니 8개월을 시민들은 모르고 있었습니다. 이렇게 시민들에겐 소통되어지지 않은 채 만들어지던 소통협력공간, 나는 이 소통이 이젠 무섭습니다.

역사와의 소통이 단절되고, 자연과의 소통을 파괴하고, 시민들과의 소통기회를 가려버리고, 일의 절차를 통한 소통을 무시하고, 공부라는 면피와 셀프감사, 그들 식의 소통이 이어지는 그 소통, 우리시대 그들만의 소통의 자화상이 점점 무서워집니다.

57억원 세금으로 만들어질 소통협력공간, 우리시대 참된 소통이 무엇인지 고민하게 합니다.

('21. 2. 20 노트에서)

268 …

3

행정능력을 키워라

대전시장은 '걱정말아요 대전' 부를 수 있을까?

걱정을 하기 시작했다. 인구가 점점 줄어들고 대전은 점점 오그라 든다는데 방법이 없는지.

걱정을 하기 시작했다. 경제는 계속 힘들고 실업률이 계속 늘고 생활은 옥죄고, 이거 언제까지 계속되는 거야.

걱정을 하기 시작했다. LNG발전소가 들어온다고 하던데 그러면 좋은거야 아닌거야. 발표이후 얘기가 없네.

걱정을 하기 시작했다. 월평공원(갈마지구) 사업은 어떻게 되는 거야 도대체 하는거야 마는거야. 공론화위원회 발표한지 꽤 되었 는데.

걱정을 하기 시작했다. '대전방문의 해'라 띄웠는데 뭐 달라진 것 도 없고 뭘 한다는 건가. 하기는 하는 건가.

걱정을 하기 시작했다. 대통령이 '강충호'(강원-충청-호남)를 띄우 고 충북은 계속 발전한다는데 대전도 끼는 거야. 피해가는 거야.

걱정을 하기 시작했다. 대학 들어갈 애들이 없어 사립대학은 많이 문 닫는다는데 대전은 사립대가 특히 많지 않나.

걱정을 하기 시작했다. 인사가 자꾸 특정 부류의 사람들에게 편중되고 불미스런 소곤거림두 있고. 인기기 민사인네 말이야.

걱정을 하기 시작했다. 새로운 시장 1년이 다 되가는데 특별히 한 일도 없고 이러다가 시간만 보내는 건 아닌지.

괜한 걱정일지 모르겠지만 걱정이 늘고 있다. 물론 최근에 터진 문제도 있지만 오래 묵혀 곪아터진 걱정이 된 것도 있다. 대전에 대한 걱정, 가수 전인권이 진단하는 대로 과연 '지나간 것은 지나간대로 그런 의미가 있죠'라 말할 수 있을까.

아직 지나가진 않았지만, 나름 의미가 있으려면 적어도 새로운 시장의 시정 1년을 한 달여 앞두고 있는 지금엔, 어쩌면 나름 1년을 진단하고 앞으로를 모색할지도 모를 지금엔, 앞으로를 위한 방향성의 단초라도 잡아놨어야 한다. 그러나 아직도 잘 모르겠다.

새 시장은 대전의 미래에 대한 치열한 정책대결보다는 나라 전체 분위기의 대세를 타 어렵지 않게 지방선거를 승리했다. 어쩌면 시장이 되기까지보다 시장이 된 이후부터가 더 힘들었을 것이다. 재임 구청장에서 체급을 올려 당선된 시장에겐 '더 큰 행정의 시정'에서, 중앙정부에의 '예산쟁탈의 장'에서 경험이 부족하기에 힘들었을 것이다. 관료사회를 꿰뚫고 사람(시청공무원과 관계인사)들에 대한 이해가 높은 역대 선배 시장들에 비해 경험이 많지 않기에 함께하는 이들을 끌어가기에 힘들었을 것이다. 널리 인재를 발굴해 써야 한다는 당위와 선거를 함께 치룬 자신의 소중한 동지들을 챙겨야 하는 현실과의 갈등에서도 힘들었을 것이다. 자신이 몸담은 정당, 중앙과 지방정부의 관계에서도 힘들었을 것이다. 전인권의 가사처럼 '그댄 너무 힘든 일이 많았죠'가 반복되었을 것이다.

그러나 내가 새로운 시장에게 하고 싶은 조언은 힘듦 속에 시장 스스로 더 힘든 지경을 만들어선 안 된다는 점이다. 대전시민이 뽑아준 시대정신 속에 자신에 대한 기대, 자신만이 갖은 장점, 즉 '젊음과 새로움'을 잃지 말라는 얘기다. 노래처럼, 시장은 '새로움을 잃어버렸죠'라 인정할 것은 인정하고 '그대 힘든 얘기들 모두 꺼내어 그대 탓으로 훌훌 털어 버리고' 이젠 다시 새롭게 나아가라는 얘기다. 이것이 책임행정이고 젊은 리더십이다.

7월이면 2년차가 시작된다. 새로운 시정 준비를 위해 뒤를 돌아보고 앞으로를 설계할 앞으로의 한 달여 기간, 몇 가지를 당부하고 싶다. 첫째, 계속 강조하는 것이지만 1년간의 공과에 대해 객관적 평가를 하는 것이 필요하다. 우리의 행정은 평가에 인색하다. 예산도 없고 형식적이다. 적어도 이 글의 도입부에 말한 몇 가지 걱정에 대해 추진 중이든 기획단계이든 그에 맞게 잘 기획되는지, 추진 중인지 냉정하게 스스로의 평가와 외부기관의 평가를 거치며 문제가 있으면 개선책을 마련하는 것이 필요하다.

둘째, 융합행정이 필요하다. 이는 시대의 추세다. 정부는 부처융합으로 생활SOC사업 3개년계획을 통해 내년부터 3년 동안 국비 30조원(지방, 민간 포함시 48조원)을 투자한다. 지금까지 많은 공공투자가 그러했듯 잘못하면 기존 예산집행을 그럴싸하게 말만 바꾼 수준으로 전락되기 쉽다. 진정한 대전시민의 '삶의 질' 개선으로 이어지는 그림을 만들고 제대로 된 추진을 위해 대전시 내부에 부서융합형 '시민행복 SOC본부'를 둘 것을 제안한다. 그리고 대전은 4차산업혁명의 메카가 되어야 한다. 과학, 경제, 문화, 환경 등의 각 분야별, 중앙부처–지방정부, 관·산·학·연을 연결해 이를 끌어가는 '미래전략혁신본부'를 둘 것을 제안한다. 이런 사업추진을 위해선 내부 공무원이 아닌 능력이 있는 외부 전문가 활용이 필요하다. 전문능력에 바탕한 권위로 부서와 관계기관을 지휘할만한 책임자에게 이 막중한 일을 맡겨야 한다. 이는 과거 노무현 정부시절 산업자원부에 미래생활전략본부('04), 정보통신부에 미래전략본부('06)를 두고 전문가를 영입한 이치와 같다.

셋째, 3,500명의 공무원들에 시장만의 '통 큰 리더십'을 권하고 싶다. 모든 사안의 만기친람이 아니라, 핵심사업 중심으로 '선택과 집중'을 통해 믿음직한 성공사례를 우선 만들 필요가 있다. 시정 2, 3년차는 특히나 '서번트 리더십(servant leadership, 즉 섬김의 리더십)'이 필요하다. 이 기간은 한참 성과를 내야하기에 실제 일을 할 공무원들이 힘에 부치고 특히 일부 공무원들은 불만이 표출될 수 있다. '불가사리와 소년' 이야기가 있다. 해일이 밀려오는 바다에 불가사리가 해일에 실려 떼를 지어 해변 위로 밀려온다. 한 소년이 며칠째 불가사리를 바다에 풀어준다. 사람들이 의아해하지만 계속 소년은 이를 반복한다. 사람들이 이유를 물어보자, 소년은 '불가사리가 불쌍하잖아요!'라고 말하며 묵묵히 그 일을 반복한다. '불필요할 수 있지만 때론 의미 있는 일이 될 수 있다'는 이야기다. 불필요해도 때론 의미 있는 일이 많다. 집권 2, 3년차 리더는 이런 동료를 특히 챙겨야한다.

제대로 지난 과거의 성찰이 이루어진다면, 진정 새롭게 시작하고 자 했던 초심이 지워지지 않았다면 '지나간 것은 지나간 대로 그런 의미가 있죠'를 곱씹고, '후회 없이 꿈을 꾸었다' 말하며, 150만 시민 들께 다시 한 번 '우리 다함께 노래합시다. 새로운 꿈을 꾸겠다 말해 요'를 외칠 수 있는 시장이 되길 기대해본다.

앞으로 1개월, 다른 어떠한 행보보다 '걱정말아요 그대'를 고민하 는 시장이길 바란다.

(디트뉴스24 '19. 05. 27)

매킨지 기준으로 본 대전시정 현주소는?

'조직이 중병 들었다'는 대전시청을 논함

'16년 대한상공회의소와 컨설팅 기업 맥킨지는 전년 6월부터 9개월간 국내 기업 100개사 임직원 4만 명을 대상으로 실시한 〈기업문화 종합진단 보고서〉를 발표했다.

글로벌기업 1,800개 회사와의 비교진단 결과, 국내 기업의 조직건강은 중병을 앓는 수준이었다고 한다. 조사 대상 100개사 중 77개사가 글로벌 기업에 비하면 조직 건강도가 약하며, 중견기업은 91.3%가 하위 수준이었다. 특히 리더십과 조율·통제, 역량, 외부지향성에서 취약하다는 지적이 나왔다. "한국 기업의 임원실은 마치 엄숙한 장례식장 같다"는 암울한 지적과 함께 "불합리한 리더의 업무지시에도 '와이(why)'도 '노(no)'도 못하고 고개만 끄덕이는 조직"이라는 힐난도 쏟아져 나왔다.

최근 대전 시정을 두고 "조직이 중병 들었다"는 말까지 나온다. 맥킨지의 잣대로 대전시청을 진단한다면 어떤 결과가 나올까? '중병'

은 오히려 꽤나 후한 점수일 듯싶다. 최근 근무시간에 대전시 공무원이 청사 내에서 불법 미용시술을 받다가 적발되는 일이 발생했다. 이를 시장은 언론보도를 보고 알았다는 후문이다. 사실이 그렇다면 보고조차 제대로 안되었다는 얘기다.

이런 상황을 맞아 시장은 공직기강 해이를 사과하고, 관행을 뿌리 뽑겠다고 밝혔다. 시장으로서 당연히 필요한 조치이다. 그러나 이는 임시처방에 다름 아니다. 중병의 씨앗은 '기강'이 아닌 '다른 깊은 곳'에서 발아하여 끝내는 더 넓게 더 깊은 뿌리로 커져 있을 수 있다.

어처구니없는 일이 시민의 제보로 발각되어 조직이 할 말이 없게 된, 그래서 공직기강의 된서리를 맞아 일시적으로 '엄숙한 장례식장'이 돼버릴 수밖에 없는 지금의 모습만 보아선 안 될 일이다. 애당초부터 시청의 기운이 '엄숙한 장례식장'은 아닌지 따져볼 일이다. 일의 활력은 사라지고, 매사에 일할 때 눈치를 봐야 하고, 그저 위에서 결정하는 일에 고개만 끄떡이는 조직은 아닌지 따져봐야 한다. 위에서의 결정이 늦거나 아예 없기에, 고개 끄떡일 일도 별로 없는 조직은 아닌지 따져봐야 한다. 급기야 무료한 차에 출장을 끊고 시계만 보다가 불법 미용시술을 받는 것이 이상할 게 없는 조직은 아닌지 따져봐야 한다.

조직을 제대로 진단해야 한다. 시장 자신이 1주년 평가에서 말한 '갈등 관리 능력, 도시 미래 비전 전략, 조직을 안정적이고 공정하게 이끌어갈 수 있는 조직 관리 능력'의 리더십 덕목은 실제 제대로 가동되고 있는지 진단해야 한다. 조직 안팎으로 업무 조율과 협업은 제대로 이루어지는지, 그리고 행정목표를 달성하기 위한 행정통제능력은 어느 정도 수준인지 진단해야 한다. 조직원의 역량은 어떠한지, 내부에서 안 되면 외부에서 좋은 역량들이 제대로 수혈되고 있는지 진단해야 한다. 조직운영은 내부지향적인지, 시민의 힘이 함께하는 외부 지향적 조직인지, 소수핵심층(이너서클) 중심 의사결정구조인지, 두루두루 외부 경청이 수반된 개방형 의사결정구조인지 제대로 진단해야 한다. 그리고 그 진단을 토대로 과감히 바꿔야 한다.

시간이 흐르면 부끄러움에 조성된 일시적인 '엄숙한 장례식장'의 그림자는 사라진다. 그러나 공직사회에 만연된 애당초의 근본적인 '엄숙한 장례식장'의 기운은 고스란히 남는다. 그 기운을 변화시키기는 쉽지 않겠지만 그래도 젊고 새로운 시장 아닌가? 2년차의 시작을 앞둔 지금, 지방정부가 해야 할 일이다. 중병 든 조직, 변화가 필요하다.

(디트뉴스24 '19. 06. 26)

대전시청은 나우(Now),
지금부터 변해야 한다

대전시정에 던지는 어느 삼성맨의 고언

벌써 26년 전부터 시작된 이야기다. 나는 제일기획이라는 삼성 그룹의 광고회사에서 근무했다. 광고기획을 했던 나는 1993년도 6월 이건희 회장이 계열사 사장단을 독일 프랑크푸르트로 부르면서 본격 시작한 '삼성 신경영'에 때맞춰 전략기획실에 차출되어 3년간 제일기획의 신경영 실무를 담당하게 된다. 신경영은 변화의 상징으로 크게 회자된다. 그러나 정작 조직 내에선 당시에 광고회사의 창조성을 깨뜨리는 '관리의 삼성'다운 발상이라고 밤에 좋은 안주거리가 되기도 했다.

삼성은 지금 세계적인 기업이 되었다. 돌아보면 "마누라하고 자식 빼고 다 바꿔라", "뒷다리 잡지 마라", "1명의 천재가 10만 명을 먹여 살린다" 등 많은 유행어를 남긴 이 때의 의식변화운동이야말로 삼성을 초일류기업으로 만든 원동력이 아니었을까 하는 생각이 든다.

최근 몇 가지 불미스런 일들이 대전시청에서 발생했다. 이에 대한 비판과 함께 변화의 목소리가 높다. 시장은 시장대로 "공직기강을 바로잡고 나쁜 관행을 뿌리 뽑겠다"고 말하고 아래는 아래대로 "뭐하는지 모르겠다. 위부터 제대로 해라"는 볼멘소리도 들린다. 어쩌면 변화 필요성의 원인을 서로에게 떠넘기는 모습으로 보이기도 한다. 그러는 동안 시민들만 힘들다. 결국은 모두들 '나부터' 변하고, 그래서 '함께' 변해야 하는 것이 답이다. '나부터 우리 함께' 나우 (Now), 지금 당장 변해야 한다.

　타산지석(他山之石)이 될 수 있을까? 삼성신경영의 경험을 들춰본다. 비단 한 수퍼기업의 전설로만 남기엔 아까울 듯싶다. 따올 것은 따왔으면 좋겠다는 마음으로 10가지 변화 모습을 이야기해본다.

　첫째, 조직은 물론 조직 밖 세상 사람들이 이해하고 체감할 수 있는 변화의 상징으로 7시 출근 오후 4시 퇴근이라는 7.4제를 전격적으로 실시했다. 이는 9시 출근 6시 퇴근의 사회통념을 깬 가히 혁신적인 조치다. 물론 일부 고객들과 프로젝트 특성의 이유로 조직 내의 볼멘소리도 많았지만, 예외는 협소하게 허용한 채 강력하게 진행되었다. 직원들은 근무 습성에 이어 근무 후 자기계발 활동 등 생활습성에도 변화가 이루어졌다. 조직의 변화는 이렇게 누구나 인정할만한 확실한 조치가 있을 때 더욱 강력해진다.

　둘째, 이때까지도 삼성은 'A/S의 삼성'이라는 소리를 많이 들었다. 이는 더 이상 자랑일 수 없었다. 만들어 판 것을 잘 고치는 게 아니라 애당초부터 고치지 않게 잘 만드는 것이 중요하다는 인식전환이 이루어졌다. '2등은 아무도 기억하지 않는다'는 광고 카피와 함께 세계1등 제품 개발이 가장 중요한 기업의 과제였으며, 모든 조직이 구체적 목표를 담은 비전을 만들고 비전선포식을 통해 공유했다. 지금의 삼성 로고도 이때 만들어진 것이다. 정책도 마찬가지다. 만들 때 제대로 만들어야 한다. 그리고 이를 조직 내외에 공유해야 한다.

셋째, 평가의 기본 틀이 바뀌었다. 양적 지표 중심의 평가에서 질적 평가가 매우 중요하게 대두되었다. 우선 매출 중심의 기업과 사업 평가가 아닌 손익중심의 평가로 전환이 이루어졌다. 규모는 크지만 실제 내실은 없는 사업, 겉보기엔 큰 규모로 잘 돌아가나 실제로는 부실하게 운영되는 조직에 대한 솎아내기도 이루어졌다. 고객만족평가, 종업원 만족평가 등 다양한 평가가 이루어졌으며 조직운영에 반영되었다. 평가는 인색하면 안 된다. 평가는 현재의 내실을 진단해 주고 미래의 방향을 말해준다.

넷째, 변화과정에 있어서 조직 내 소통은 매우 중요하다. 연일 사내방송을 통해 변화의 중요성에 대한 메시지가 전달되었다. '나는 무엇을 변화할까?'에서부터, 부서, 그리고 회사의 변화에 이르기까지 거의 매일 회의가 진행되었다. 단순한 업무혁신에서부터 회사전반의 중장기적 개혁까지 건전한 제안제도가 한층 활성화되고 이는 평가의 주요 대상이기도 했다. 부서의 칸막이가 낮아졌다. 그리고 '기본으로 돌아가자(Back to the basic)' 캠페인을 전개했다. 결국 일은 함께 하는 것이다. 소통은 일을 일궈내는 동력이자 조직을 하나로 모으는 에너지다.

다섯째, 파격적인 인사 혁신이 이루어졌다. 연공서열이 아닌 능력 중심의 인사와 연봉제의 근간이 만들어졌다. 생산성 격려금 등

능력과 실적에 따른 보상체계가 구축되었다. 여성들의 처우도 남성과 동등하게 되었으며 '여성전담팀'도 이 때 만들어졌다. 삼성그룹 최초의 부사장을 여인한 '프로는 아름납다'의 최인아 카피라이터가 발탁된 것도 바로 이때다. 완전한 사업부 책임제가 이루어져 사업부장은 많은 재량과 함께 엄격한 책임이 부여되었다.

여섯째, 모든 문제는 현장에 답이 있다. 임원들의 현장근무제가 도입되었다. 일주일에 이틀 이상은 현장에서 근무해야 한다. 삼성계열 보험회사의 '찾아가는 서비스' 광고가 안방극장에 자주 방영된 것도 이때다. 책상에서 보고만 받는 관습에서 현장의 문제를 직접 파악하고 현장에서 문제를 직접 해결하는 풍토로 전환되었다. 자연스럽게 사무실 안에 있는 시간과 개인의 능력은 반비례 관계가 되었다.

일곱째, 지식경영의 서막이 올랐다. 모든 자료의 데이터베이스화가 진행되었다. 기록문화가 강조되어 모든 업무를 기록으로 남기도록 독려했다. 당시는 윈도우시대가 아닌 MS DOS시대였다. 복사와 타이핑이 전부라 해도 과언이 아니었다. 많은 자료가 쌓이기 시작했고 정보가 공유되기 시작했다. 기록은 기억을 지배한다. 정보화의 핵심은 기술여건도 중요하지만 그 안에 들어 있는 콘텐츠다. 대표적인 콘텐츠가 기록물이다.

여덟째, 창의력이 본격적으로 중시되기 시작했다. 제일기획은 광고회사이기에 본래 창의력이 업(業)의 본질이기도 했지만, 여기에 다양한 강화책들이 부가되었다. 협업을 위한 정서적 교감의 목적도 있었던 다른 직군 동료들과 함께 무작정 떠나는 2박3일 '신사고여행',

각 직군의 중간간부급들이 함께 모여 회사현안들을 토론하는 '21세기 디자인그룹', 사원대리급의 경영회의체인 '청년중역회의' 등이 가동되었다.

아홉째, '관리의 삼성'이라고들 한다. 회사의 경영관리가 엄격하다. 그런데 여기에 직원 스스로 자신의 시간을 관리하는 시스템이 덧붙여졌다. 스스로 하루에 무엇을 했는지 '타임리포트'를 30분 단위로 쪼개서 써야 한다. 외국의 저명 컨설팅회사나 로펌들은 고객들에게 시간에 따른 비용청구를 하는데서 배운 조치다. 초기에 직원들의 볼멘소리가 터져 나왔지만, 결국 '시간이 원가'임을 인식하게 하는 중요한 계기가 된 것은 사실이다.

열째, 사회적 공헌의 중요성이 강조되었다. 사회공헌팀도 만들어졌다. 이때만도 팽배했던 '얄미운 삼성'에서 '배려의 삼성'으로의 이미지전환이 필요했다. 사회공헌이 인사고과와 회사평가에도 반영되었다. 많은 미담들이 만들어지고 정보가 공유되면서 조직분위기에도 좋은 방향으로 영향을 미쳤다. 사회봉사로 훈훈해지는 마음은 업무에도 연결되고 결국 조직에도 공헌한다. 그래서 사회공헌은 조직공헌이기도 하다.

내가 실무자로서 경험하고 느낀 범위 내에서 삼성의 신경영을 10개로 정리해보았다. 경쟁 환경이 치열한 상황에서 삼성은 최근 위기의식을 느끼고 제2의 신경영을 추진한다고 한다. 아마도 변화가 절실했던 그때의 정신을 되살리자는 각오일 것이다.

삼성이라는 기업조직과 대전시청이라는 공무원조직과는 다를 수있다. 그러나 조직엔 사람이 모여 있고, 일은 사람이 하는 것이다.

남이 시켜서 하는 변화는 오래가지 못한다. 스스로 해야 한다. 10가지의 변화가 중요한 것은 아니다. 변화가 필요하다는 그 절실함이 중요하다. 스스로 변화가 절실했으면 좋겠다.

'나부터 우리함께' 나우(Now), 지금부터 변하자.

(디트뉴스24 '19. 07. 08)

외로움 치유,
시정의 최우선으로 여겨라

　통계청이 발표한 지난 해 우리나라의 자살률은 인구 10만명 당 26.9명으로, 경제협력개발기구(OECD) 최고 수준을 2년째 이어갔다. 하루 평균 37.8명이 극단적 선택을 한 셈이다.

　지역별로는 충남이 인구 10만 명당 29.1명으로 전국에서 제일 높은 불명예를 안았다. 대전은 24.8명, 세종 21.3명, 충북 24.6명으로 전국대비해선 다소 낮은 수준이다. 연령별로 보면 10~30대 사망원인 1위가 자살이라는 데에 더욱 안타깝다. 10대 사망자의 37.5%, 20대는 51.0%, 30대는 39.0%가 자살로 사망했다. 반면 40대 이후 모든 연령대에서는 암이 사망원인 1위다. 자살의 원인은 대체적으로 10~20대는 정신적 질환이 크고, 30~50대는 경제적 문제, 60대 이상은 신체 질환이 주요하다고 분석하고 있다. 개별 원인도 있겠지만 취업과 고용, 사회적 고립 등 사회구조적 원인이 복합적으로 작용한 결과다.

　정부는 '22년까지 자살률을 17명으로 낮춘다는 목표를 세웠다.

그러나 코로나까지 겹쳐 전례 없이 삶이 어려워진 현실에서 목표 달성은 거의 불가능할 거라는 전망이 높다. 우리나라의 1인 가구 수는 '19년 기준으로 약 598만 명이다. 전체 가구 유형 중 30%로 사상 높은 비율이다. 게다가 지속적으로 늘고 있다. 여기엔 스스로 선택한 1인 가구도 있지만 어쩔 수 없는 비자발적인 1인 가구도 많다. 혼자 있는 시간이 많은 1인 가구의 증가도 높은 자살률의 원인이 될 수 있을 것이다.

특히 언택트(un-tact)로 인한 젊은 층의 외로움도 심각한 문제다. '18년 잡코리아(Job Korea)와 알바몬(Albamon)이 20대를 대상으로 '고독지수 현황'을 조사한 결과 응답자 10명 중 6명이 "고독감을 느낀다"고 답했다고 한다. 조사에 따르면 고독감을 겪는 이들은 자주 공허함 또는 외로움을 느끼고 있다고 호소했다. '외로움'이라는 병이 중병이 되고 있다. 코로나와 이에 따른 심리적 불안과 경제적 어려움이 그 중병을 돌이킬 수없는 '사회적 전염병'으로 키우지 않을까 하는 우려가 높아진다. 이 전염병은 백신으로도 잡을 수 없다.

영국이 '18년 초, 내각에 '외로움 담당 장관(Minister for Loneliness)'을 도입한 것을 벤치마킹할 필요가 있다. 영국은 많은 사람들이 외로움을 경험한다는 것은 중요한 시대적 과제이며 많은 국민들의 외로움 문제에 대처할 수 있는 방안을 만드는 것이 필요하다고 진단했다. 그리고 공동체의 건강을 위협하기 때문에 국가적 대응이 필요하다는 전략을 짠 것이다.

대전의 지자체 책임자에게 대전시가 먼저 시범적으로 도입하는 것이 어떻겠느냐는 제안을 한 적이 있다. 시에 〈외로움 담당 정책관〉을 두고, 아울러 〈외로움 치유센터〉 같은 조직을 통해 이 사회적 문제를 우리 시가 선도적으로 헤쳐가자는 생각이다.

대전은 대한민국 표본 도시다. 특히 인구추이는 대한민국 전체지수와 대전의 지수가 거의 일치한다. 대전시가 '외로움'을 치유하는데 앞장서고 이 노력이 자살율 저하의 효과로 나타날 때, 이 성과를 토대로 전국에서 같은 움직임을 전개한다면 우리나라 자살률도 잡을 수 있다.

다시 한 번 제안한다. 외로움 치유를 시정의 최우선 순위로 생각하라.

(on충청 '20. 9. 24)

4

청년이 도시의 미래다

인문계에 취업의 숨통을 열어라

　삼성그룹이 7일, 채용 공식 홈페이지를 통해 하반기 신입사원 공채 서류 합격자를 발표하면서 하반기 공채 취업전선에 불이 붙었다. 그런데 최종 합격의 결실을 따낼 취업 준비생은 대폭 줄어들 전망이다. 취준생들의 관심이 삼성 등 대기업에 크게 쏠리지만 아쉽게도 대기업 공채의 문은 급속도로 좁아지고 있기 때문이다. 현대자동차는 올해부터 정기 공채를 아예 없애버렸다. 창사 이래 처음이라고 한다. SK와 LG도 동참할 예정이다.

　이젠 그때그때 직무에 필요한 인재를 골라 쓰는 직무 중심의 상시채용이 대세다. 과거엔 '특정 업무는 잘 몰라도 잠재력을 갖춘 유능한 자원을 뽑아 인재로 키워 쓴다'는 인식이 대기업 채용의 원칙이었지만 이런 시대는 저물고 있다. 특히 4차산업혁명의 물결 속에 특정 부문에 즉시 투입할 수 있는 인력을 뽑는 추세다.

　이러다 보니 대기업 채용은 이제 이공계의 '준비된 기술인' 위주 채용으로 고착화될 수밖에 없다. 대체로 인문계 대비 이공계생을 2

대 8의 비율로 뽑는다는데 앞으로 그 차이가 더 벌어질 것은 자명한 일이다. 이렇게 취업난이 심하고 공채는 사라지고 직무 중심 채용이 보편화되면서 인문계 출신들이 취업전선에 설 땅은 너욱 좁아지고 있다.

기업의 지속적 발전을 위해선, 4차산업혁명의 거대한 흐름에 대처하기 위해선 시대의 흐름에 대한 탐구와 맥락에 대한 이해, 현상에 대한 비판, 그리고 미래에 대한 상상의 능력이 무엇보다 필요하다. 이는 우리 기업에 인문학 전공자가 더욱 필요해지는 이유다.

스티브 잡스의 아이폰과 아이패드는 인문학과 과학기술의 교차점에서 탄생했다고 한다. 미국 벨연구소(Bell Lab)에서는 철학과 졸업생을 꾸준히 고용하고 있다고 한다. 카네기 멜론대학의 비벡 와드와(Vivek Wadhwa) 교수는 최근 실리콘밸리에서 뜨고 있는 스타 기업인 중에는 인문학 전공자가 많음을 지적하며, 창업자들도 공학과 컴퓨터기술 전공자는 37%에 머물고 나머지 사람의 전공은 경영, 예술, 인문학 등이라고 강조한다.

인문학과 과학기술의 결합이 필요하다. 인문계 학생들의 생명력은 풍부한 상상력에 있고, 이공계 학생들은 문제해결능력이 생명이다. '상상하는 문제를 푸는 것', 인문계와 이공계의 융합이 세상을 발전시킨다. 〈달나라 탐험〉, 〈해저 2만리〉, 〈80일만의 세계여행〉 등의 작가 쥘 베른(Jules Verne)의 상상력, 조지 오웰(George Orwell)의 소설인 〈1984〉도 이렇게 현실이 되고 있다.

사회 전반의 인문계와 이공계의 융합이 필요하다. 이를 위해선 대학교 등에서 인문학 자체의 상상력을 키우기 위한 노력이 필요하다. 그리고 기업 등 산업계에서의 무조건적 이공계 중심 인력 선발 관행도 바뀌어야 한다. 인문학 전공자들을 기업에 끌어와야 한다. 삼성 등 대기업이 앞장서야 한다.

이는 인문계 취업이라는 현실적 문제로서만이 아니다. 대한민국의 미래가 걸린 문제이기도 하다.

(시사뉴스 '18. 10. 8)

집은 희망이어야 한다

인간의 욕망은 계속 진화한다. 좋고 편한 옷(衣)을 더 오래 입고 싶어 그 옷을 소유하고, 맛있고 싱싱한 고기와 채소(食)를 더 오래 먹고 싶어 그 음식물을 소유하고, 편하고 좋은 집(住)에 더 오래 살고 싶어 그 집을 소유하고, 이처럼 욕망은 이를 갖고 싶어 하는 소유로 이어진다. 어렸을 때부터 배웠던 가장 기본적 욕구인 의식주(衣食住)의 진화는 인간의 다양한 욕망의 진화를 더욱 부채질했다. 그리고 그 욕망은 인간의 삶을 더욱 풍요롭게 함과 동시에 인간이 이루고 사는 사회발전의 원동력이 되었다.

의식주의 진화는 두 갈래로 나뉘어 전개되었다. 하나는 의식주 자체에 대한 욕망의 진화다. 더 좋고 편한 옷을 소유하고 싶은 욕망을 더 오래 간직하고 싶어, 과거의 일반 세탁기가 아니라 격이 다른 드럼세탁기에 건조기, 스타일러를 갖고 싶은 것처럼. 더 맛있고 싱싱한 고기와 채소를 더 오래 쟁여두고 먹고 싶은 욕망에, 과거 일반 냉장고가 아니라 격이 다른 양문형 냉장고에 냉동고, 김치냉장고, 각종 조리기를 갖고 싶은 것처럼. 더 편하고 좋은 집에 살고 싶은 욕망에, 단칸방에서 시작한 우리들이, 18평형 주공아파트의 오랜 전세를 넘어 겨우 내 집으로 장만한 소형아파트, 이젠 30평형대 베란다 튼 새 아파트 당첨을 꿈꾸는 것처럼. 의식주의 소유 욕망은 진화되어 왔고 그 진화는 앞으로도 계속될 것이다.

그리고 또 하나, 욕망은 의식주를 넘어 삶을 더욱 풍요롭게 하고자, 새로운 세계로 끝없이 펼쳐져 나간다. 책을 소유하고 싶은 욕망, 시와 수필을 쓰고 싶은 욕망, 바깥의 나무를 내 옆에 두고 싶은 욕망, 강아지와 고양이를 내 품 안에 들이고 싶은 욕망, 여행으로 자연을 안고 싶은 욕망, 취미생활로 자신만의 시간을 누리고 싶은 욕망 등의 개인 생활과 함께, 생리의 욕구, 안전의 욕구, 사회적 욕구, 존중의 욕구, 자아실현의 욕구라는 매슬로우(Abraham H. Maslow)의 욕구의 5단계처럼, 자신이 얻고 펼치고 싶은 욕망이 주룩주룩 피어난다.

건축가 유현준 교수는 어느 언론 인터뷰에서 "내집 장만 욕구는 인류사(史) 오랜 본능"이라 말했다. "의식주 가운데 '주'를 향한 욕망은 인간의 매우 오래된 본능이다. 자기 집을 가지려는 사람을 욕해선 안 된다. 석가모니가 설파한 무소유가 왜 속세에선 실현되기 어렵겠나. 소유는 자유와 직결된다. 소유하지 말란 것은 자유를 박탈하겠다는 얘기다"라는 주장이 인상적이다. 옳은 말이다. 나는 여기에 집을 향한 욕망에 '희망'이라는 두 글자를 덧붙이고 싶다. 즉, 집은 희망이다.

돌아보니 나의 경우, 우리 가족에게 집은 꿈이었다. 전세를 얻으며 그 전세돈은 미래를 위한 예금통장이었음을 알게 되었다. 부족한 돈을 메우려 얻은 은행 빚을 갚는 일은 어쩌면 작은 월급 속에서도 차곡차곡 쌓은 적금과도 같은 일임을 살면서 알아나갔다. 이렇게 해서 집이 생겼다. 집이 생겨도 빚이 있기에 적금은 계속되었다. 그래도 이 집이 있으면 훗날에 조금 더 나은 삶의 공간으로 옮길 수 있는 자산이라 여겼고, 더 훗날 기력이 빠질 때 나와 내 가족을 조금은 지탱해주는 든든한 빽이라 믿었다. 내 이름이 담긴 이 소유물이 조금은 더, 가족의 삶에 미래를 위한 빽이었으면 좋겠다는 희망이 되었다.

그런데 집의 '소유'에 국가의 간섭 강도가 점차 세지고 있다. 현 정부 들어 24회의 집에 대한 정책이 대부분 그렇다. 게다가 그 '소유' 자체에 엄청나게 높은 벽을 세워놨다. 특히나 젊은 친구들은 거의 오를 수없는 벽이다. 그 벽을 낮추는 길, 아니면 그 벽을 오르는 사다리를 국가는 연구해야 한다. "집은 소유가 아니다"는 인간의 의식주 본성에 어긋나는 발상에서 시작하면 절대 안 된다.

나는 딸이 하나 있다. 나는 내 딸에게 집의 희망을 얘기한다. 내 딸은 조금 일찍, 아빠처럼 집 소유주가 되었으면 하는 바람이 솔직히 있다. 여유가 된다면 나중에 조금이라도 도와주고 싶은 것이 아빠 마음 아닐까 싶다. 국가도 이랬으면 좋겠다. 정말 다른 인식을 갖고 있는 사람들이야 어쩔 수 없겠지만, 젊은이들이 집을 소유할 수 있게 그 벽을 낮추고, 그 벽에 사다리를 놓는 일, 말이다. 그것이 지금 집 앞에 놓인 청년의 절망을 희망으로 바꾸는 길이다.

(시사뉴스 '20. 12. 29)

청년을 위한 사회 찬스

    청년문제가 심각하다. 청년문제는 경제 침체 및 사회 활력의 감소, 저출산·고령화 문제 등과 연계돼 국가 전반적으로 심각한 문제를 가져오게 된다. 행정을 책임지는 정부나 정치를 책임지는 정당이나 청년문제만큼은 앞을 다퉈 해결책을 제시하고 있다.

    그러나 제시한 정책의 매력만큼이나 우려의 목소리도 크다. 대부분의 정책이 돈이 들어가고 그러다 보니 나라 곳간을 고려하지 않을 수가 없기 때문이다. 특히 총선을 코앞에 둔 지금, 정당이 제시하는 정책은 표를 의식한 포퓰리즘적 냄새가 물씬 풍기기도 한다. 대표적인 것이 정의당이 제안한 〈청년기초자산제〉의 도입이다.

    정의당은 만 20세 청년들에게 3,000만 원을 지원하자고 제안했다. 현 사회가 구조화된 세습자본주의라고 규정하면서 "'부모찬스'가 아닌 '사회찬스'를 제공해 심각한 자산 격차를 해소하고 근본적으로 청년들의 불평등을 완화해야 한다"고 주장했다. 그리고 재원 마련을 위해 상속증여세 강화, 종합부동산세 강화, 부유세 신설 등 자산세

제도 강화를 주장했다.

　이런 정책 제안에 대해 뭐라 하고 싶지는 않다. 다만, 돈으로 문제를 해결하려 하거나 임시저인 치방에민 시우지는 성책은 이젠 좀 지양했으면 하는 바람이다. 이런 접근이 아닌 청년의 인구 문제, 일자리 문제, 거주여건 문제, 청년의 활력을 통한 도시 발전의 문제 등을 총체적으로 접근해 근본적인 대책을 마련했으면 하는 바람이다.

　청년에게 돈을 줄 것이 아니라 청년이 살 만한, 일할 만한, 즐길 만한 정주여건(amenity)을 조성하는 데 이제는 주력해야 한다. 미국 등 선진국에서는 청년문제를 도시문화와 연계해 주로 방향성을 모색하는 추세다. 후기 산업화 물결과 세계화시대에는 도시의 성장에서 과거의 제조업 중심의 성장 모델이 낡았으며 시민들은 점차 높은 삶의 질을 추구한다는 점에 주목해 도시가 성장하기 위해서는 도시의 어메니티를 심미적으로 갖추도록 노력할 필요가 있음을 지적한다.

　도시학자 테리 클락(Terry N. Clark)은 청년층은 인위적으로 조성된 어메니티를 더 선호하는 반면, 노인들은 반대로 자연적인 어메니티를 추구하고 있음을 이론적으로 밝혔다. 인위적으로 조성된 오페라, 박물관, 쥬스바, 스타벅스 같은 편의시설이 청년의 삶에 중요하며 이러한 어메니티 속 청년의 활력이 도시의 성장과 발전에도 매우 중요하다는 것이다.

　내가 대전광역시의 청년 인구와 일자리 관련 자료를 연구한 결과도 비슷한 결과가 도출됐다. 제조업이나 사회복지서비스산업 같은 어메니티는 청년인구에 부정적인 영향을 미치고 있는 반면, 도서관·사적지·여가서비스업, 유원지 및 기타 오락 관련 서비스와 같은 어메니티는 긍정적인 영향을 미치는 것으로 나타났다.

정의당은 부모찬스가 아닌 사회찬스를 말했다. 중요한 말이다. 그러나 그 찬스가 돈은 아니다. 청년이 살아가는 사회 속 어메니티다. '청년이 살 만한, 일할 만한, 즐길 만한 지역구의 어메니티를 어떻게 근본적으로 조성할 것인가?' 이 과제의 해법이 진정한 사회찬스다.

이 문제를 고민해야 한다. 청년이 미래이기 때문에 더욱 그렇다.

(시사뉴스 '20. 1. 16)

청년에 대해 고민부터 해라

　25세 공무원 1급 청년비서관이 화제다. 공무원 사회에서 25세 1급 공무원은 '대통령 찬스'에, 불공정의 측면이 있다. 경력 면에서 집권 여당 최고위원으로 활동했고 능력으로 따져도 높은 정치적 평가를 받았을 것이기에 발탁되었으리라 생각되지만, 몇 년의 고생 끝에 5급 행정고시를 통과하고도 20여 년이 지나서야 오를 수 있는 1급 공무원에 단박에 올랐으니 국민의 따가운 눈총과 젊은 층의 박탈감은 더더욱 클 것이다.

　나는 발탁과정을 보면서 '현 정권은 참으로 논리도 없고 국민을 설득하려는 노력조차 없다'라는 생각을 한다. 그저 "1급 비서관을 할 만한 능력이 있다"라든지, 정무수석이 나서서 "문제가 있다면 내가 책임이 있다" 정도의 '봐 달라' 식 우격다짐의 방어가 전부다. 나 같으면 말이 되든 안 되든 최대한 논리를 끌어다 붙여 설득해보려는 노력이라도 해보겠다.

　그 논리 중의 하나는 '대표성'의 문제일 것이다. 이왕지사 '청년'

의 문제가 심각하고, 이에 대한 대책으로서 '청년'비서관을 둔다면, '청년'에 대한 문제의 제기로부터 설득의 포인트를 가져가겠다. '청년은 어떠한 개념을 지니며 대략 누구를 칭할까?', '청년의 범주는 어떻게 될까?', '청년비서관으로 발탁한 25세 나이는 청년으로서의 대표성이 있을까?' 등의 논리들 말이다.

현재 대한민국에서 법적 또는 사회적으로 규정하고 있는 '청년의 가장 가운데 나이'는 대략 25세 전후다. 나는 '청년'을 주제로 박사학위 논문을 썼기에, 연구자로서의 양심상 25~29세의 나이가 인구통계학적으로는 청년의 대표성이 있다고 본다. 그래서 25세 1급비서관도 수용할 수 있었다.

그러나 문제는 현 정부 특유의 정치 프레임이 화근이다. 이준석 현상이 세상을 강타하니까 정치적 대응 차원에서 어설프게 젊은 청년을 상징적으로 한 건 올리듯 발표한 이런 모습이 문제라는 것이다. 청년 문제의 실상과 중요성을 바탕으로 '청년연령기준' 프레임으로 접근할 문제를 정치적 맞불 차원에서 다루니 오히려 '공무원직급' 프레임에 역공을 당하는 것이다.

청년은 시대상황에 의해 만들어지고 통용된 용어로서 명확하게 개념화되어 있지 않다. 우리나라에서의 청년은 1896년 동경 유학생들의 잡지에 처음 등장한 것으로 알려져 있고 청년을 정의하는 가장 중요한 기준은 기성세대와 그들의 가치관으로부터의 단절이었다. 그래서 청년을 객관적 연령으로 정의할 수는 없다는 주장까지 등장하기도 했다.

지금도 청년의 연령대에 대해선 명확한 기준이 존재하지 않는다.

고용과 관련하여 통계청은 〈청년고용동향지표〉를 발표하며 15세 이상 29세 이하의 인구를 청년으로 규정하고 있다. 법령이나 지자체나 공공기관에서도 청년에 대한 정의 및 청년의 나이 규정은 일정하지 않다.

이렇게 청년에 대한 개념과 청년 범주의 규정은 다르다. 청년고용과 관련해선 이준석 당대표는 청년이 아니다. 그런데 전남 곡성이나 장수에 가면 49세도 청년이다. 그러나 대략 15세에서 시작 34세까지나 39세까지를 청년으로 본다면, 그 중간의 나이는 적게는 25세에서 많게는 29세가 청년의 중심이다.

청년의 문제는 정치의 문제가 아니다. 청년 고유의 문제로 풀어가라. 그리고 이왕지사 25세 청년비서관이라면, 행정관들은 최소한 15~19세, 20~24세, 30~34세, 35~39세로 구성해서 운영해보라. 비서관 하나 상징적으로 딱하니 세우는 것으로 끝내지 말라. 청년의 문제는 국가 미래의 문제가 아니겠는가?

(시사뉴스 '21. 6. 30)

V

—

지방시대, 청년에게 답이 있다

내 아이가 살게 하고 싶은, 내 가족이 떠나지 않는 도시

내 딸을 살고 싶게 하는 대전을 꿈꿨다.

그래서 대전에 정치인으로 선보인 '16년 나는,

'내 아이가 살고 싶어 하는 대전'을 나의 슬로건으로 외쳤다.

옛집으로 돌아와 제일 먼저 한 일은 전등불을 바꾸는 일이었다.

30년 가까운 집이라 조명이 흐려 어두운 것도 있었지만,

집 앞 신작로는 여학교가 있음에도 너무 어둔 밤길이다.

플라타나스나무의 내 얼굴보다 큰 잎은 불빛을 막아 더 어둡게 한다.

어두운 동네에 내집부터 불을 밝히고 싶었다.

어두운 건 동네길 뿐만이 아니다. 어두우니 아이들이 떠나간다.

대학생이 되어 떠나가고, 졸업을 하고 떠나간다.

서울의 미래가 밝다 느끼기에,

일자리도 문화적 삶도 더 밝다 느끼기에 정든 집을 떠나간다.

학회에서 지도교수님의 도움으로 어메니티를 처음 발표했다.

그 이후 오직 이 주제만 갖고 2년을 연구했다.

다만 하나, 덧붙인 게 있다.

딸아이를 살게 하고 싶은 대전이라는 나만의 꿈.

그 꿈이 하늘에 닿았는지 딸아이는 네 식구가 되어 대전에 살고 있다.

나의 꿈이 이젠 바뀌고 있다. 뭘까?

20대 딸 내외와 두 손녀, '내 가족이 떠나지 않는 대전'이다.

꼭 지켜내고 싶다.

1

청년이 떠나고 있다

청년문제, 짜르(tsar)가 필요하다

지역소멸은 청년소멸의 문제다. 양질의 일자리와 함께, 머물만한 교육·문화·생활편의시설 등 정주여건이 받쳐주지 못하기에 청년이 지역을 떠나고, 지역은 인구감소와 함께 고령화가 급속하게 진행된다. 지역의 활력은 계속 떨어지고 남으려는 청년들도 마음을 돌린다. 악순환이다. 청년이 계속 지역을 떠나는 한 지역소멸을 잠재울 순 없다. 청년유출을 최소화하기 위해 정부는 정부대로 다양한 정책을 개발하고, 지자체는 지자체대로 「청년기본조례」를 제정하고 정책팀을 구성하는 등 청년정책을 적극적으로 전개하고 있다.

그런데 대다수의 정책적 접근들은 높은 부동산 가격에 대한 지원이나 생활 지원 혜택 등 경제적 요인에 집중되어 있다. 일자리가 없는 등 그렇지 않아도 어려운 상황에 최근 몇 년간의 부동산가격 폭등을 접하며 중앙정부와 지자체에 대한 청년들의 불만과 부정적 인식이 높은 영향도 있다. 단기 처방으로 해결될 문제가 절대 아니다. 청년의 삶의 질 개선을 위한 다양한 경제외적 요인이나 청년을 붙잡아두는 도시의 매력을 올리는 일, 즉 고유의 문화적 특성 등을 살리는 내용이 수반되고 있지 않는 현실이다. 그리고 경제적 지원이든 또는 비경제적 지원이든 어느 영역이든 긴에 청년관련 정책을 추진하기 위한 바탕으로서의 타당성 근거 또한 매우 부족한 현실이다.

나는 거주 및 이동 등을 통한 청년인구의 변화를 연구했다. 지역소멸의 핵심이라 할 수 있는 청년인구 변화의 원인에 대해 주로 도시지역 내에서의 변화가 주된 관심 분야이다. 사실 지금까지 인구이동에 관한 대부분의 연구는 주로 지역 간 이동에 초점을 두고 있으며, 이로 인해 그 원인을 고용이나 부동산, 학생의 경우 교육과 같은 고전적 문제에서 찾고 있다.

현재 청년 문제의 양상은 청년들의 삶 전반에 걸친 문제로 확대되고 있다는 점에서 문제의 심각성이 크다. 또한 현재 청년을 둘러싼 다양한 사회·경제적 환경들이 급변하고 있는 상황이다.

미국 대통령은 상담역(counsellor), 수석고문(senior advisor)을 두고 수시로 대통령이 의견을 교환하고 있다. 이와 함께 특정 이슈를 해결하기 위해서 임명되는 짜르(tsar)라는 직책이 있다. 이는 우리나라의 특보와 비슷한 직책으로 보인다. 각 중앙부처나 다른 기관들이 관련된 특정 문제를 해결하기 위해서 짜르를 임명한다. 이들은 비공식적으로도 대통령과 수시로 만나서 대통령에게 각종 정보와 정책 사안에 대해 대화를 나눈다. 나는 청년문제만큼은 짜르가 필요하다고 생각한다. 전문능력에 바탕하여 청년의 다양한 문제들을 검토하고 대책을 보고하는 일을 전담하고 부여받은 권한을 통해 관계부처와 기관에 지시할 수 있는 역할도 수행하는 것이 필요하다. 청년문제는 한두 개만의 정책만으로 해결되는 것이 아니며 많은 부처가 유기적으로 연계된 복합적 사안이다.

　새 정부는 청년비서관을 없앴다. 다분히 정무적 판단으로 청년비서관을 두는 것은 나 역시 반대다. 그러나 청년문제의 심각성과 정책의 복합성을 고려할 때, 대통령과 소통할 수 있는 전문성을 지닌 짜르가 필요하다는 생각이다. 물론 이는 병렬적 조직의 하나가 아니라, 어느 정도의 조정능력과 지휘력을 발휘할 만한 권한과 책임이 부여되어야 할 것이다.

('21. 8. 박사학위 논문, '22. 5 노트에서)

정년을 아시나요?

청년이라는 말은 어디서 유래되었을까? 우리나라에서의 청년은 1896년 동경 유학생들의 잡지에 처음 등장한 것으로 알려져 있다. 1898년 정부 및 학교, 독립신문 등 언론에 '대한청년애국단' 명의의 편지가 배달된 사건이 발생하면서 사람들의 입에 오르내리기 시작했다. 이후 1903년 선교사 길레트(Gillet)와 언더우드(Underwood)를 중심으로 서울에 '황성기독청년회'라는 칭호로 YMCA가 탄생한 이후 불리기 시작했다. 이 말은 일제강점 후 퇴조했지만, 1920년부터 동아일보와 개벽에 문화운동의 핵심주역으로서 청년을 부각시키려는 언론기사들이 지속적으로 등장하면서 다시 붐(boom)을 맞는다.

청년은 새로움을 통한 신문명의 건설을 의미했다. 그때부터 청년을 정의하는 가장 중요한 기준은 기성세대와 그들의 가치관으로부터의 단절이었다. 그래서 청년을 객관적 연령으로 정의할 수 없다는 주장까지 등장하기도 했다. 동아일보는 1920년, "사회의 동적 방면 진보세력을 대표하는 자가 청년이오, 정적 방면 보수세력을 대표하는 자는 노년"이라고 주장하면서, 실제 일부 청년회의 경우는 회원의 자격을 45세까지로 한정했다.

이렇게 청년은 시대상황에 의해 만들어지고 통용된 용어이다. 그래서 학문적으로 명확하게 개념화되어 있지 않다. 당장 청년의 연령대에 대해선 명확한 기준이 존재하지 않는다. 고용과 관련하여 통계청은 〈청년고용동향지표〉를 발표하며 15세 이상 29세 이하의 인구를 청년으로 규정하고 있다. 그러나 법령 또는 지자체나 공공기관에서도 청년에 대한 정의 및 청년의 나이 규정은 일정하지 않다.

우선 법령에 의한 청년의 기준은 「청년고용촉진 특별법」의 경우 15세 이상 29세 이하인 사람이다. 그렇지만 「공공기관의 운영에 관한 법률」과 「지방공기업법」에서는 청년의 범위를 15세 이상 34세 이하인 사람으로 정의하고 있으며, 「조세특례제한법」도 '18년부터 청년을 15세 이상 34세 이하인 사람으로 적용하고 있다. '20년 8월부터 시행된 「청년기본법」은 청년을 19세 이상 34세 이하인 사람으로 정의하고 있다.

지자체 경우에도 청년의 정의와 나이 범주는 일정하지 않다. 각 광역자치단체는 「청년기본조례」를 기준으로 충청북도는 15~39세를, 부산광역시와 충청남도는 18~34세를, 대구광역시와 전라남·북도는 18~39세를, 경상남도와 제주특별자치도는 19~34세를, 광주광역시와 대전광역시는 19~39세를 청년으로 규정하고 있다. 서울특별시와 울산광역시, 세종특별자치시와 경기도는 「청년고용촉진특별법」의 위임으로 동법의 시행령에 규정된 15~29세가 청년에 해당한다. 반면에 기초자치단체의 경우는 전라남도 곡성과 장흥의 경우 19~49세의 대상자를 청년으로 확대하여 규정하는 곳도 있다. 광역자치단체와 예하 기초자치단체 간에 청년의 범위가 서로 다르기 때문에 혼선이 발생하는 경우도 있다. 이를테면 부산 서구의 경우는 15~29세인 반면, 부산광역시는 18~34세로 서로 상이하다.

　이와 같이 청년에 대한 정의는 법령과 기관, 그리고 지자체의 조례와 정책에 따라서 조작적으로 정의되는 경향도 짙다.

('21. 8. 박사학위 논문에서)

청년의 도시집중, 심상치 않다

　수도권 인구는 '11년 이후 10만 명 이상이 성장하였고, '19년에는 비수도권 인구를 초과하기 시작했다. 비수도권 인구의 감소는 출산율 감소에 따른 자연감소 외에 수도권으로 유출의 원인이 큰데, 수도권 유출을 연령별로 보면 청년인구에서 가장 크다. 즉 '19년을 기준으로 수도권으로 순유입한 청년인구는 86,661명으로 수도권 전체의 순유입 인구인 82,741명보다도 많은 수준이다. 전국에서 청년인구 순유출률이 가장 높은 지역은 전라북도이다. 세종특별자치시를 제외한 모든 지역들이 수도권으로, 많게는 전북의 −25.7%에서부터 적게는 제주특별자치도의 −10.5%에 이르기까지 10%이상의 유출을 보이고 있다.

　이러한 인구이동은 지역의 출산 수준율 저하를 가져오는 등의 2차적 파급효과를 초래했다. 지역에서는 출산연령대의 여성인구가 감소함에 따라 합계출산율이 유지되더라도 출생아 수 및 조출생률(1년간의 총 출생아수를 당해년도의 총인구로 나눈 수치)은 감소됨으로써, 결국 지역 인구의 자연감소를 가속화시킨 것이다. 아울러 학력이 높고 첨단기술을 보유한 인구를 중심으로 더 많은 유출이 발생하는 인구이동의 선택성(migration selectivity)도 진행되고 있다. 우수한 지역인재들이 수도권으로 빠져나가는 것이다. 이에 따라 수도권과 비수도권, 그리고 대도시와 중소도시 및 농촌 간에 격차가 확대되고, 이로 인하여 비수도권 활기를 더욱 저하시키는 문제를 초래할 위험성이 높아지는 것이다.

수도권 연령대별 순이동(2019)

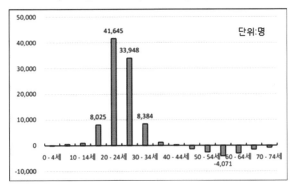

연령대별 수도권으로의 순이동 현황(한국보건사회연구원, 2020)

수치에서도 확인하듯, 현재 비수도권 인구감소의 가장 큰 원인은 청년인구의 감소이며 그 변화로 인하여 도시의 활력은 떨어지고 있다. 지역을 살리기 위해선 청년을 머물게 해야 한다. 청년문제를 고민할 수밖에 없는 이유다.

('21. 8. 박사학위 논문에서)

2

대전의 사례로 본 청년인구변화 실태

대전은 대한민국 인구문제의
테스트 베드(test bed)

대전은 국가전체 인구 추세와 매우 유사한 흐름을 보인다. '17년 통계청이 발표한 '15~45년 장래인구추계'에서 전체인구는 '30년에 5,924만명으로 정점을 이루다 '45년에 5,105만명으로 줄어드는데 대전과 흐름이 일치한다. 이는 곧 대전이 대한민국 인구정책, 도시정책의 척도가 될 수 있음을 의미한다.

대전시의 인구변화를 살펴보자. 대전시는 '10년 1,503,574명의 인구이나 '13년엔 1,533,911명으로 정점을 찍은 후 지속적으로 인구가 감소하여, '19년엔 1,475,870명을 기록했다. '10년 대비 1.84%가 감소하였으며, 정점인 '13년 대비해선 3.78% 감소한 수치이다. 반면 15세 이상 39세 이하 청년인구는 '10년 580,593명을 기록한 이래 매년 지속적으로 감소하여 '19년엔 496,284명을 기록, '10년 대비 14.52%의 감소 폭을 보임으로써 청년인구 위기의 심각성을 보여주고 있다.

청년층 중 15세 이상 19세 이하 인구는 '19년 83,175명으로 '10년의 115,635명 대비 28.07%가 감소하여 가장 심각한 상황을 보였으며, 전체 대전인구 내 구성비는 '10년의 7.69%에서 5.64%로 2.05% 포인트 감소하였다. 30세 이상 39세 이하 인구 역시 '19년 200,480명으로 '10년의 254,932명 대비 21.36%가 감소하였으며, 전체 대전인구 내 구성비 또한 '10년의 16.96%에서 13.58%로 3.38%포인트 감소되었다.

반면 20~29세 인구는 다른 청년인구의 큰 감소추세와는 달리, '10년 214,984명에서 '19년 212,629명으로 1.10%포인트 감소했다. 추세를 보면 매년 2천명 내로 증감의 변화를 보이는 것이 특색이며, 전체 대전인구 내 구성비 또한 14% 내외를 유지하고 있다. 상대적으로 20~29세의 인구수가 유지되는 이유는 대전은 대학교가 많아 대학생 인구의 전입이 가장 많은 지역이며, 대학생 인구수는 전국 최고 수준인 대전 전체인구의 9.3%를 차지하기 때문이다. 그러나 최근 전국적으로 학생 수 부족으로 직격탄을 맞고 있는 대학교의 위기상황도 대전이라 해서 예외가 아니어서, 이 연령대 인구의 급감 조짐이 나타나고 있다.

한편 65세 이상 노령인구 증가 현상은 두드러진다. '10년 131,575명에서 '19년 198,691명으로 무려 51.01%가 증가되었다. 전체인구 내 구성비 또한 '10년 8.75%에서 '19년 13.46%로 6.71%포인트가 증가했다.

청년인구변화 양상을 종합적으로 살펴보면 몇 가지 내용으로 요약될 수 있다. 첫째, 대전 내 유성구를 제외하고 4개 구의 전체인구 및 청년인구는 지속적으로 감소하고 있다. 증가하는 유성구 역시

15~19세의 연령대는 줄어드는 상황이다.

둘째, 청년인구는 대전광역시 내 5개 구 모두가 심각한 상황이다. 전체인구에서의 15~39세 청년인구의 구성비가 감소하는 상황이다. 유성구 역시 구성비는 지속적으로 감소하고 있다. 특히 대학생들이 주 구성원인 20~24세의 경우 모든 구가 청년인구 수는 물론 구성비 측면에서 다른 연령대와는 달리 초기 증가 패턴을 보였으나 최근엔 감소하는 경향을 보인다. 저출산에 따른 대학진학생의 감소에 따른 대학의 위기가 반영된 결과로 보인다.

셋째, 통상적으로 2,30대를 묶어 같은 세대로 칭하는 경우가 많다. 그러나 인구문제에 관한 한 전혀 다른 패턴을 보이고 있다. 20대와 30대는 다르며, 20대 중 20~24세와 24~29세는 매우 다르다.

넷째, 도시의 노령화가 급속도로 진행되고 있다. 신흥지역으로 분류될 수 있는, 인구가 증가하는 유성이나 인구감소의 폭이 상대적으로 적은 서구의 65세 이상 노령인구의 증가율이 오히려 대덕구, 동구, 중구 등 구 지역의 노령인구 증가율보다 훨씬 높은 상황이다. 신흥지역의 인구 유지 요인 중 하나가 노령인구의 유입이라는 사실을 알 수 있게 해준다.

마지막으로 같은 구(區)의 모든 동(洞)이 동일한 인구변화 양상을 보이는 것은 아니다. 대부분 구의 전체 인구와 청년인구가 줄어드는 상황에서도 구마다 적게는 1~2개, 많게는 3~5개 동은 청년인구가 유지 또는 완만한 증가세를 보이는 등의 특징화된 양상을 보이고 있다. 이 동들이 지역의 중심적 역할을 할 개연성이 높아 보인다.

대전의 인구 추이는 국가 인구 추이와 유사한 흐름이라 말했다.

이런 차원에서 나는 중앙정부와 대전시가 대전을 국가인구문제의 축소판이라는 인식을 갖고 국가 인구정책의 척도로 활용하는 노력을 할 것을 제안하고 싶다. 저출산 해소와 함께 고령화, 주민복지개선, 청년인구대책 등 인구정책 노력을 전개하는데 대전을 기준도시화하고 우선도시·시범도시로 활용하는 것이다. 대전을 모델로 중앙정부와 지자체가 다양한 인구 및 도시정책 개발 공조, 선도사업 추진, 사업과 인구변화에의 영향측정 등 모니터링사업을 함께 추진하면 좋을 듯하다. 대전시도 인구정책에 관한 한 국가 흐름에 따라가는 것이 아니라 국가 흐름을 끌어가는 지자체가 되었으면 좋겠다. 인구문제는 국가의 미래에 관련된 문제다.

('21. 8. 박사학위 논문, '18. 1 노트에서)

어메니티가 청년인구변화에
큰 영향을 미친다

　청년인구와 65세 이상 인구는 각각 도시의 어떤 요인에 의해 더욱 영향을 받을까?

　나는 '청년인구변화에 미치는 도시어메니티의 영향 연구' 논문을 통해 도시를 더욱 매력적으로 만들어주는 여건으로서의 어메니티 유형을 경제기능 어메니티, 공공지원 어메니티, 교육복지 어메니티, 생활여건 어메니티, 문화가치 어메니티 등 5가지로 분류하고, 이들이 청년인구변화에 어떠한 영향을 미치는지를 분석했다. 연구는 대전시를 대상으로 '10년에서 '19년까지 15~39세의 청년인구, 65세 이상의 노령인구, 그리고 전체인구로 나누어 10년의 인구변화추이를 분석하며 진행되었다.

　연구결과, 15~39세의 청년인구에게 건설, 공장, 유통 등 경제기능 어메니티는 전체적으로 부정적인 영향을, 금융서비스나 공공행정시설 등 공공지원 어메니티는 미약하게 부정적 영향을 미치는 것으로 나타났다.

구분	인구증가에 긍정적인 어메니티	인구증가에 부정적인 어메니티
청년인구 (15-39세)	• 교육시설 및 서비스 부동산거래서비스 • 자동차·오토바이·PC수리서비스 • 식당, 주점, 커피집 등 생활 인프라 • 사회복지시설 및 서비스	• 건설 및 건축수선서비스 • 이·미용시설, 안마, 체형관리 서비스 • 창작 및 예술활동 공간 • 스포츠시설

노령인구
(65세이상)
	• 운송시설 및 수단
	• 사회복지시설 및 서비스
	• 단체활동 공간
	• 건설 및 건축수선서비스
	• 병·의원
	• 이·미용시설, 안마, 체형관리서비스
	  행정시설 및 서비스
	• 부동산거래서비스
		• 자동차·오토바이·PC수리
		  서비스
		• 금융서비스 인프라

전체인구	• 교육시설 및 서비스
	• 부동산거래서비스
	• 사회복지시설 및 서비스
	• 운송시설 및 수단
	• 자동차·오토바이·PC수리서비스, 식당,
	  주점, 커피집 등 생활 인프라 병·의원
	• 일반 보습학원
	• 유원지 및 PC방·노래방 등 생활문화 공간
		• 건설 및 건축수선서비스
		• 창작 및 예술활동 공간
		• 이·미용실, 목욕탕, 안마,
		  체형관리 서비스
		• 스포츠시설
		• 정보통신관련 온라인 서비스
		• 금융서비스 인프라
		• 전문직 서비스

〈청년-노령-전체인구 증가에 긍정 또는 부정적 영향을 미치는 어메니티〉

　　교육복지 어메니티는 교육시설과 학원 등에서 강하게 긍정적 영향을 미친다. 생활편의 어메니티는 부동산거래와 자동차·오토바이·PC수리서비스 등은 강한 긍정인 반면, 이·미용시설이나 안마·

체형관리서비스는 부정적 영향을 미치는 것으로 나타났다. 문화가치 어메니티는 대부분 긍정적이다. 창작 및 예술활동공간, 도서관 역사시설 등은 전체적으론 부정이지만 특정 지역 중심으로 매우 강한 긍정이 나왔다. 이는 접근성의 제약으로 시설이 존재하는 곳에 거주하는 청년들의 긍정이 반영된 결과다. 한편 PC방·노래방 등은 긍정, 스포츠시설 및 서비스는 부정으로 상반의 결과가 나왔다. 이는 전자는 젊은 층들의 선호 시설인 반면, 후자는 상대적으로 노령층 등이 자주 찾는 공간이기 때문이다.

한편, 65세 이상 노령인구의 경우엔 인구증가에 있어서 경제기능어메니티 중 건설 및 건축수선서비스, 공공지원 어메니티 중 단체활동 공간, 행정시설 및 서비스, 교육복지 어메니티 중 사회복지시설 및 서비스와 병·의원, 생활편의 어메니티 중에선 운송시설 및 수단, 이·미용실, 목욕탕, 안마, 체형관리서비스, 부동산거래서비스 등이 긍정적인 효과를 미친 것으로 분석되었다. 반면 자동차·오토바이·PC수리서비스와 금융서비스 인프라 등이 부정적인 효과로 분석되었다.

21개 세부 어메니티 중 청년인구와 노령인구 증가에 공통적으로 긍정 또는 부정효과가 발현된 것은 부동산거래서비스가 긍정의 효과로 유일하게 나타났다. 이는 재태크에 대한 관심이든, 원룸을 찾을 수밖에 없는 어려운 현실의 상황이든 부동산 문제가 우리사회에 깊은 영향을 미치는 것을 반영한 결과라 해석할 수 있다.

네 개의 세부 어메니티는 전혀 상반된 효과를 발현시켰다. 즉 자동차·오토바이·PC수리서비스는 청년인구에는 긍정, 노령인구엔 부정의 효과를 보였고, 건설 및 건축수선서비스, 이·미용실, 목욕탕, 안마, 체형관리 서비스는 청년인구에는 부정이지만 노령인구에는 긍정의 효과를 보임으로써 정반대 양상으로 나타났다.

청년인구의 변화는 연령대별로도 서로 다른 어메니티가 긍정(또는 부정)의 영향으로 작용되고 있음이 확인되었다. 중·고등학생 시기인 15~19세 청년의 경우 교육복지 어메니티가 가장 큰 긍정의 영향을 미치는 것으로 나타났다. 대학생 시기인 20~24세 청년의 경우에는 생활편의 어메니티와 문화가치 어메니티가 가장 긍정의 효과를 미치는 것으로 나타났다. 25~29세 청년층 역시 생활편의 어메니티가 인구변화에 가장 큰 영향을 미치는 것으로 나타났다. 30~34세, 35~39세 연령층의 경우엔 공히 생활편의 어메니티와 교육복지 어메니티가 긍정적이었으나, 세부적으로 들여다보면 긍정항목이 다소 다르게 나타났다.

지역의 청년유출이 심각하고 청년인구가 급감함으로써 지역은 경제의 활력을 잃고 지역소멸의 위기에 봉착해 있다. 청년정책은 국가의 미래 문제임과 동시에 지자체의 사활이 걸린 현재의 문제이기도 하다.

이런 상황에서 청년의 문제, 특히 청년인구변화 문제를 지역 어메니티와 연결해서 처음 제기했다는 점은 시사점이 있다는 평가다. 그리고 인구문제에 관해선 대한민국의 표본도시인 대전을 대상으로 분석함으로써 지역 어메니티의 영향도와 향후 정책방향의 설정에 큰 도움을 줄 수 있을 것이라는 평가다.

왜 청년들은 지역을 떠나려 하는지, 그들을 머물게 하는 요인은 없는지 앞으로 많은 기대가 되는 연구분야다. 지역의 어메니티가 점차 청년인구변화에 더 큰 영향을 미칠 것이다.

('21. 8. 박사학위 논문에서)

청년문제는 예방적 처방이 답이다

　UN 인간거주센터(United Nations Human Settlements Programme; UN-Habitat)는 '16년에 제대로 된 주거정책을 위해선 예방적(prevention) 정책과 치유적(curative) 정책이 동시에 필요하다고 발표했다. 이 보고서의 핵심은, 문제가 발생하게 되면 현재 상황에서 심각한 주거문제의 해결을 위한 치유적 접근도 필요하지만, 미래사회 준비를 위해 사전 대응의 차원에서 예방적 정책이 추가되어야 하고, 그래야만 문제 확산을 효과적으로 제어할 수 있다는 것이다.

　우리나라 대부분의 인구정책은 치유적인 정책에 의존한다. 그리고 그 치유의 방법은 주로 경제적 지원이며, 게다가 단기 처방에 그치는 경우가 많다. 정책 기조의 전환이 필요하다. 예방적 정책이 절대적으로 필요하다. 그 예방의 방향성은 영국의 '평생 살고 싶은 지역사회(life-time community)'가 되어야 할 것이다. 연령 친화적 도시의 구현을 통해 개인과 지역사회, 정부와 지자체가 주체가 되어 모든 연령의 주민이 안착할 수 있도록 다양하게 지원이 이루어지는 도시를 만듦으로써 인구변화를 최소화하는 것이 바람직하다.

　이러한 관점 아래에 나는 몇 가지 정책적 제안을 하고자 한다. 첫째, 청년주거정책은 도시 전역에 걸쳐 동일한 기준으로 균등하게 추진하기 보다는 최근 청년인구가 늘어난 지역을 중심으로 정책지원을 집중하는 것이 바람직하다. 대전시 사례의 경우 다른 대부분은 인구가 줄었지만 서구의 가수원동과 관저1·2동 일대에 지속적으로 청년인구가 늘어나고 있다. 이 지역은 최근 지역개발이 이루어졌으나 상대적으로 유성구 등 다른 신흥지역대비 부동산 가격은 높지 않다. 어메니티 측면에서 도시의 예방적 관리가 중요하다. 즉, 이렇게 청년인구가 늘어나는 지역을 중심으로 문화적 혜택과 지원을 집중함으로써 명품의 청년도시로 정착시키는 전략이 필요하다. 문화·예술 공간이나 공원, 생활소비형 여건 등에 대한 지자체의 규제 완화를 포함한 지원방안을 확대시켜 다른 지역 청년들의 관심을 불러일으켜야 한다. 결국 어메니티의 개선으로 실제 살고 있는 거주자의 삶의 질을 높임으로써 추가적으로 인구가 유입되는 선순환의 길을 모색해야 한다.

　둘째, 청년 문화와 직접적 연관성이 높은 공간은 청년층의 왕래가 잦은 지역에 위치할 수 있도록 지원책을 마련해야 한다. 청년들에게 매력도 높은 일부 문화가치 어메니티의 경우 높은 기대감 대비 도시 내에서 상대적으로 열악한 시설이나 후미진 장소에 존재하는 이유 등으로 인해 청년인구 변화에 오히려 부정적으로 작용하는 경우가 있다. 예를 들면, 창작 및 문화예술의 영역은 청년들을 끌어들일 수 있는 매력적인 분야이지만 이들 공간이 있는 지역은 실제 청년을 끌어오기엔 열악한 실정에 놓여있는 경우가 많다. 대전광역시 중구의 경우 매우 높은 긍정의 효과가 나온 점을 주목해야 할 것이다. 중구엔 창작 및 문화예술 공간에 전문가들이 많이 모여 있고, 청년들이 자주 왕래하면서 이들 공간을 찾게 될 공산이 클 것이기 때문이다.

셋째, 세대별 맞춤형 정책이 필요하다. 나 역시 15세에서 39세의 연령을 청년세대로 통칭하곤 하지만, 실제 이 연령대 내에는 상당히 큰 차이가 존재한다. 현재 우리 사회는 '2030', 'MZ'세대 등으로 대략 20대와 30대를 통칭해서 부르는 경향이 강하다. 이는 대략, 정치현상을 논할 때나 사회현상을 논할 때 주로 활용되고 있다. 「청년기본고용법」에서 정해진 15세에서 29세, 또는 각 지자체에서 「청년조례」 등에서 확장해서 포함하고 있는 30~39세에 걸친 '청년' 계층은 연령대별로 속성이 매우 상이하다. 내가 연구를 진행했던 청년층 5개 그룹, 즉 15~19세, 20~24세, 25~29세, 30~34세, 35~39세 간에는 인구변화의 양태와 여기에 미치는 어메니티의 영향 등에서 그룹 간에 전혀 다른 특성을 보이고 있다. 특히, 20대라 칭해지는 연령대에서도 대학생활을 보내고 있는 20~24세와 졸업 후 취업을 준비하거나 사회생활을 하고 있는 25~29세는 인구변화에 영향을 미치고 있는 어메니티의 영향 양태가 현저히 다른 경우가 나타난다. 따라서 여기에 따른 문제에 대한 치유가 달라야 하고 향후의 예방도 달라져야 한다. 더욱 더 세분화하여 그에 맞는 맞춤형 치유 및 예방정책을 준비해야 한다.

넷째, 정부 또는 지자체 차원에서 청년정책을 효율적으로 추진하기 위해선 이를 통합적으로 끌어가는 복합형 책임경영체제가 필요하다. 서울특별시엔 〈미래청년기획단〉이 있다. 기존에 과(課) 수준으로 있던 청년청이 국(局) 단위로 승격된 조직형태이다. 여기에서 주거문제 및 일자리, 청년문화 등을 총괄적으로 조정하는 역할을 맡게 하고 있다. 여기서 한발 더 나아가 청년정책 책임자는 과거 로마 제국의 황제와 지역 왕(王) 사이의 직위인 짜르(tzar)와 같이 더욱 위상과 책임을 격상시켜 전문능력에 바탕하여 최상위자로부터 부여받은 권한을 통해 부서와 관계기관을 지휘하도록 해야 한다. 다양한 어메니티는 실제적으론 청년인구에 각각으로 영향을 미치는 것이 아니라 복합적으로 연관되어 영향을 끼친다. 마찬가지로 청년문제는 한 두 개의 정책만으로 해결되는 문제가 아니라 기관의 모든 부서가 유기적으로 연계된 복합적 사안이다.

마지막으로 몇 가지 가시화되고 있는 청년 주거와 청년 문화 관련 주요 현상, 그리고 정책에 대해선 사전에 충분한 정책적 대비를 해야 한다. 대표적인 예가 인구문제와 관련하여 점차 전 연령대로 확산되고 있는 1인 가구의 문제이며, 도시재생과 관련하여 제기되고 있는 젠트리피케이션(gentrification)의 문제를 들 수 있다. 이들 문제는 우리나라만의 문제만은 아니며 해외에서도 이미 보편화된 문제이며, 일시적 현상이 아니라 사회의 고착화된 문제로 인식하고 있다. '19년 기준 우리나라 1인 가구는 614.8만 가구로 총 가구에서 차지하는 비중은 30.2%에 달한다. 20대가 18.3%로 가장 높고, 30대가 16.8%로 그 뒤를 잇는다. 이 자체가 청년의 문제이다. 1인 청년가구에 대한 정책적 지원은 취약계층과 같이 특수한 문제로 다룰 것이 아니라 청년정책의 핵심의제로 다루어져야 하며, 처방이 아닌 상시적 지원책이 마련되어야 한다. 젠트리피케이션은 도시가 새롭게 활성화되는 과정에서 대부분 수반되는 문제이다. 이 문제 역시 과정에서 일상적으로 발생되는 문제이지만 대부분 발생 후 처방에 급급하거나 이 마저도 제대로 이루어지지 못해 도시가 개발이 영속성을 상실하면서 유령도시로 전락하는 사례가 비일비재하다. 사전에 예방적 차원의 대책이 마련되는 것이 반드시 필요하다. 임차인과 임대인 간의 상생협약 및 상호보호를 약속할 수 있는 매뉴얼이나 임대인을 대상으로 법률적 지원체계 구축 등 다양한 지원책을 마련하는 등의 예방적 대책을 마련해 두어야 한다.

도시어메니티에 대한 관심과 적극적 인식 자체가 중요하다. 어메니티는 결국 지역소멸을 막고 도시를 활성화하기 위한 예방적 접근이라 볼 수 있다. 생활편의나 문화적 가치 등 청년의 관심과 매력도를 견인할 만한 어메니티를 조성하는 것이 인구변화의 선순환 구조를 사전에 갖추는 중요한 방편이 되는 것이다.

('21. 8. 박사학위 논문에서)

어디에 살든 균등한 기회를 누리는 **지방시대**

글 강영환 | 발행인 김윤태 | 발행처 도서출판 선 | 본문디자인 고연 | 표지디자인 디자인이즈
등록번호 제15-201호 | 등록일자 1995년 3월 27일 |
초판 1쇄 발행 2022년 7월 11일. | 초판 2쇄 발행 2022년 11월 20일
주소 서울시 종로구 삼일대로30길 23 비즈웰 427호 | 전화 02-762-3335 | 전송 02-762-3371

값 18,000원
ISBN 978-89-6312-013-3 03350